本书为陕西省社科后期资助项目成果（13HQ023）、国家社科基金项目（12XGL006）的阶段性成果，西安财经学院资助出版。

资源型城市民营中小企业发展问题研究

——以榆林市为例

李艳花 ● 著

中国社会科学出版社

图书在版编目（CIP）数据

资源型城市民营中小企业发展问题研究：以榆林市为例／李艳花著 . —北京：
中国社会科学出版社，2014.10
ISBN 978-7-5161-5025-2

Ⅰ.①资…　Ⅱ.①李…　Ⅲ.①中小企业—民营企业—企业发展—研究—
榆林市　Ⅳ.①F279.274.13

中国版本图书馆 CIP 数据核字（2014）第 247438 号

出 版 人	赵剑英
选题策划	冯　斌
责任编辑	刘　艳
责任校对	陈　晨
责任印制	戴　宽

出　　　版	中国社会科学出版社
社　　　址	北京鼓楼西大街甲 158 号
邮　　　编	100720
网　　　址	http://www.csspw.cn
发 行 部	010 - 84083685
门 市 部	010 - 84029450
经　　　销	新华书店及其他书店

印　　　刷	北京市大兴区新魏印刷厂
装　　　订	廊坊市广阳区广增装订厂
版　　　次	2014 年 10 月第 1 版
印　　　次	2014 年 10 月第 1 次印刷

开　　　本	710×1000　1/16
印　　　张	13.25
字　　　数	242 千字
定　　　价	46.00 元

序

实现资源型城市可持续发展是我国现代化建设进程中遇到的一项重大战略问题,也是一个世界性难题。根据《全国资源型城市可持续发展规划(2013—2020 年)》中的表述,资源型城市是以本地区矿产、森林等自然资源开采、加工为主导产业的城市(包括地级市、地区等地级行政区和县级市、县等县级行政区)。作为我国重要的能源资源战略保障基地,资源型城市是国民经济持续健康发展的重要支撑。促进资源型城市可持续发展,是加快转变经济发展方式、实现全面建成小康社会奋斗目标的必然要求,也是促进区域协调发展、统筹推进新型工业化和新型城镇化、维护社会和谐稳定、建设生态文明的重要任务。

中国目前多数资源型城市民营中小企业的发展状况并不理想。该书以具有典型性的榆林市为例,就中小企业发展问题进行了深入探讨。榆林市的经济发展,拥有丰富的能源资源,让曾经落后贫穷的榆林"一夜暴富";同时,依托能源型经济发展,会引发环境破坏、生态恶化。在发展经济与生态保护的两难选择上,"煤城"榆林积极探索资源型城市可持续发展的转型之路。榆林市民营中小企业发展取得了一定成绩,但发展还不够充分,在相关政策法规建设、管理体制建设、产业布局及融资等各方面还存在诸多问题,也使得榆林市民营中小企业发展相对缓慢,发展水平相对较低,和国内其他区域比(如鄂尔多斯、温州等)有很大的差距。就陕西省而言,榆林市民营中小企业的发展也落后于全省平均水平。

长期以来,我们把更多的关注集中在大型企业发展和转型对资源型城市可持续发展的重要作用上,对中小企业在资源型城市经济转型中所起到的作用有所忽略,或者说在一定程度上没有引起足够的重视。事实上,对处于转型期的资源型城市来说,充分重视并发挥中小企业的作用,不仅对经济发展有直接的促进作用,而且对社会的稳定也具有重要意义。毋庸置疑,民营中小企业在资源型城市转型过程中发挥着重要的作用。因此,榆林市的经济发展要规避"资源诅咒",要实现经济社会的持续健康的发展,民营中小企业的作用不可小视,其发展亟需引起我们的足够关注。

值得高兴的是,李艳花博士撰写的《资源型城市民营中小企业发展问题研究——以榆林市为例》一书,立足于资源型城市的发展转型,以民营中小企业可持续发展问题为研究对象,理论与实证案例研究紧密结合,利用理论分析法、文献资料分析法、实践调查法和比较研究法等方法,针对榆林市民营中小企业存在的问题,从民营中小企业发展的良好的现实基础出发,对民营中小企业发展的国内外经验、榆林市民营中小企业发展的总体思路和目标定位、发展方向、科技创新、管理体制机制创新、投融资设计、公共服务平台建设、可持续发展、发展保障措施与发展的"八大工程"等问题进行了深刻探讨。该研究成果一方面丰富了资源型城市民营中小企业发展的相关理论;另一方面对资源型城市及资源型城市民营中小企业的发展路径具有重要的实践指导意义。

有理由相信,资源型城市的管理者、相关部门的工作人员以及民营中小企业的管理者,还有其他广大的读者们,都能够从本书中有所收获与启迪。

陕西师范大学教授,博士生导师
陕西省政府参事,省政府决策咨询委员会委员

2014. 9. 26.

目　录

第一章　绪论

第一节　研究背景

一　资源型城市发展历经波折

城市是人类社会物质和精神财富生产、积累和传播的中心，是社会生产力发展到一定历史阶段的产物。资源型城市即城市的生产和发展与资源开发有密切关系，以资源的开采和利用作为城市的主要功能。近年来，不少国内外学者对资源型城市进行过系统、细致的研究，但是对于资源型城市的含义尚无权威、公认的表述。2002 年前后，当时的国家计委宏观经济研究院组织课题组对资源型城市进行了调查研究，并且形成了《我国资源型城市的界定与分类》这一调研报告。该报告结合调研资料和统计数据，将资源型城市定义为："资源型城市是因自然资源的开采而兴起或发展壮大，且资源型产业在工业中占有较大份额的城市。"[①]

从世界范围来看，资源型城市是一种广泛存在的特殊的城市类型。中国资源型城市的发展大都从新中国成立后随着五年计划的规划实施而开始，大致经历了矿产资源的开发—企业规模的扩张形成基地—形成镇区—资源开发主导产业的辐射带动服务业和农业的发展—形成城市的过程[②]。20 世纪 50 年代，国内外环境要求当时的中国必须发展以重工业为主的城市，只有集中开发使用资源才能解决当时资源匮乏的问题。中国的资源型城市由此蓬勃兴起，并为中国的社会经济建设作出了巨大的贡献。具体来讲，根据资源开采与城市形成的先后顺序，资源型城市的形成有两种模

[①] 国家计委宏观经济研究院组织课题组：《我国资源型城市的界定与分类》，《宏观经济研究》2002 年第 II 期。

[②] 石亚军主编：《资源型城市转型跨越发展路径研究：以朔州市为例》，中国政法大学出版社 2012 年版。

式，一种为"先矿后城式"，即城市完全是因为资源开采而出现的，如大庆、金昌、攀枝花、克拉玛依等。另一种为"先城后矿式"，即在资源开发之前已有城市存在，资源的开发加快了城市的发展，如大同、邯郸等。

　　资源型城市的可持续发展问题是一个国际性的难题。在几十年的探索发展中，国外已有解决得比较好的典范，如德国的鲁尔区、美国的休斯敦。同时也有矿竭城衰的案例，如日本的夕张、南非的邓第等①。与其他类型的城市（如旅游型城市）相比，资源型城市最大的特点就是因资源而兴，也因资源而衰。由于资源的不可再生性，随着资源消耗越来越多，这些城市的发展都面临着资源大量开采后的自然资源枯竭和生态环境的破坏，如何破解"资源诅咒"并实现转型升级成为这些城市面临的首要问题。

　　作为新兴资源型城市，榆林市全市已发现8大类48种矿产，潜在价值超过46万亿元人民币，特别是煤、气、油、盐资源富集一地，组合配置好，国内外罕见，开发潜力巨大。煤炭预测储量2800亿吨，其中神府煤田是世界七大煤田之一。天然气预测储量6万亿立方米，是迄今中国陆上探明最大整装气田的核心组成部分。岩盐预测储量6万亿吨，约占全国已探明总量的26%。石油预测储量10亿吨，是陕甘宁油气田的核心组成部分②。榆林以其丰富的化石资源被誉为中国的"科威特"，北部是煤海、西部是气田、南部是丰富的岩盐和石油，可谓物华天宝。尤其是其煤炭不仅储量大，而且多为"特低硫、特低灰、特低磷、中高发热量"的优质环保煤，燃用可极大减轻城市排污负担。这样的特点也使得榆林煤近十多年来不愁销路。但是煤炭资源的无节制开发，却造成了榆林市的生态环境不断恶化。榆林市的经济发展能否避免"资源诅咒"，实现持续健康的发展，就成为了必须关注的问题。

二　民营中小企业的发展是解决资源型城市发展问题的关键

（一）民营中小企业的概念

　　与所处行业的大企业相比，中小企业是规模比较小的经济单位。根据

---

①　王喜明：《资源型城市发展循环经济的构想——以榆林市为例》，《榆林学院学报》2013年第1期。

②　榆林市政府门户网站 http://www.yl.gov.cn/site/1/html/zjyl/list/list_18.htm,2014-3-31

中国国家计委等四部门于 2003 年公布的划分标准，中小型企业必须符合以下条件：职工人数 2000 人以下，或销售额 30000 万元以下，或资产总额 40000 万元以下。其中，中型企业须同时满足职工人数 300 人及以上，销售额 3000 万元及以上，资产总额 4000 万元及以上；其余为小型企业①。

中小企业是与大型企业相对应的概念，是指企业职工总数、资产总额、销售收入等比较小的企业。民营企业是与公有制企业相对应的概念，它是在中国特定社会经济条件下出现的一个特殊概念。当前中国民营企业的主要形式包括个体、私营以及私营控股的股份制企业等。目前，国内理论界对民营中小企业还没有统一明确的定义。民营中小企业与中小企业、民营企业既有着密切的联系，又是有区别的，民营中小企业不完全等同于中小企业，也不完全等同于民营企业，因为中小企业中也有国有企业，民营企业中也有大型企业②。

中国中小企业的数量占全部企业数量的 99% 以上，其中民营中小企业占了很大一部分，民营中小企业在中国国民经济中占有越来越重要的地位。它们是推动中国经济和技术革新的一支不可忽视的重要力量，是促进经济快速增长的动力源泉③。

（二）民营中小企业的特征

民营中小企业显然具有中小企业和民营企业双重特征。孙象平（2011）在其硕士论文中进行了详细的论述，主要体现在以下几个方面：

1. 企业产权单一。由于中国的特殊国情和历史缘故，中国绝大多数民营中小企业是家族企业，企业负责人及其家族控制着企业的大部分管理权，企业管理层中家庭人员较多，企业经营权和所有权高度统一，产权单一。

2. 企业家个人能力至关重要。中国众多的民营中小企业是企业家白手起家、艰苦创业、不断奋斗的结果。企业家的个人能力在企业发展过程中起着无可替代的作用。一旦创始人退居二线以后，很多民营中小企业的发展遭受到巨大挑战，很多企业因此而倒闭。

---

① 国家经贸委、国家计委、财政部、国家统计局二〇〇三年二月十九日制订《中小企业标准暂行规定》。

② 孙象平：《东营市中小民营企业融资难问题研究》，硕士论文，中国石油大学，2011 年。

③ 曾漫丰：《我国中小型民营企业人力资源管理的问题及改进对策——以 PR 公司为例》，硕士论文，厦门大学，2009 年。

3. 企业机制不健全。中国很多民营中小企业都是"家庭作坊式"的企业，家族式管理，所有权与经营权合二为一，公司治理结构、各项管理制度不健全，由此导致事关企业发展全局的重大经营决策往往是由所有者一人决定。

4. 企业经营灵活。由于中国民营中小企业的规模较小，企业的固定资产很少，有些家庭作坊式的中小企业甚至没有专门的厂房，因而民营中小企业大多集中在技术含量低、投入少、见效快的行业，这就决定了企业经营灵活多变的特点，能及时捕捉市场需求变化。

（三）民营中小企业在资源型城市发展中的重要作用

《国民经济和社会发展第十二个五年规划纲要》中指出："要积极稳妥推进城镇化，大力发展服务业和中小企业，增加就业创业机会。"随着社会主义市场经济体制的逐步建立和完善，中小企业在国民经济中的地位变得越来越重要，其作用也从"有益补充"和"拾遗补阙"，提升到不可缺少的"组成部分"和"重要力量"的新高度。中小企业由于其自身灵活、多样、适应能力强的特点，在吸纳就业，活跃经济，加快技术创新，促进产业结构调整，增强城市功能和综合竞争力，推动经济和社会稳定发展等方面，都发挥着十分重要的作用①。

我国中小企业的主力军是民营企业②。在中国经济发展过程中，民营中小企业的作用也日益凸显。民营中小企业已经成为中国国民经济增长中的生力军，在国内生产总值、税收、出口等方面占据了相当比重，促进了中国经济结构的调整和优化；同时，作为科技创新的重要力量，多项发明创造、新产品开发均是由民营中小企业完成的；此外，民营中小企业还成为增加就业机会的重要渠道。可见，民营中小企业已成为中国经济和社会发展的重要推动力量，在保持经济平稳较快发展，调整优化经济结构，转变经济发展方式，保障和改善民生，促进社会和谐进步等方面，发挥着不可替代的作用。

长期以来，中国资源型城市普遍存在着经济结构中传统大中型国有企业比重过大，民营经济（大多数是中小企业）比较脆弱，地方财政积累

---

① 韩丽红、张晶：《资源型城市中小企业作用与发展对策研究》，《中国矿业》2008 年第 1 期。

② 宫兵：《S 公司发展战略研究》，硕士论文，对外经济贸易大学，2012 年。

不足等问题，导致城市产业转型动力缺乏，发展活力不够。随着社会主义市场经济体制的建立，要充分利用民营经济机制灵活、市场适应能力强、吸纳就业潜力大等优势，鼓励发展民营经济与中小企业，尽快形成一批有竞争力的民营中小企业带动产业转型。这是因为中小企业在资源型城市转型中有着十分独特的作用，具体分析如下①。

1. 中小企业是资源型城市接续产业的重要载体

资源型产业具有对资源的高度依赖性和资源开发成本递增的特点，随着开发程度的加深，开发成本的提高，以及资源的日益枯竭，城市的比较优势和竞争优势会逐渐丧失，必然提出寻求接续产业，实现经济可持续发展的要求。在市场经济条件下，接续产业的产生和发展，不可能像计划经济下依靠国家"投资建厂"来实现。要使接续产业真正成为产业，除了要有一定数量的起龙头作用的骨干企业外，更重要的是要在骨干企业周围，有一批与其具有较强关联，为其提供材料、部件及各种服务的中小企业，形成产业群或产业链，在其带动下共同成长。可以说，中小企业是资源型城市发展接续产业的重要载体，发展中小企业，是培育接续产业的重要的和可行的途径。例如，美国的休斯敦曾是一个著名石油城市，以石油开采为主导的经济模式兴旺了30年，但从20世纪60年代起，该行业整体下滑，为了复苏经济，政府大力发展石油产业的延伸相关产业，随着宇航中心的建立，带动了为其服务的1300多家中小企业发展，涉及电子、仪表、精密仪器等行业，改变了城市的经济结构，促进了城市的发展。

2. 中小企业在解决就业和实现社会公平等方面分担了政府职责

资源型城市在转型过程中，往往会出现严重的失业问题。据统计，全国因矿山枯竭而产生的困难职工总数300万—400万人，并影响1000万人以上职工家属生活。如辽宁省阜新市2001年下岗失业人员达15.6万人，占市区人口的20%，特困居民20万人占25%，其中矿区下岗职工已占城市下岗职工总量的50%，矿区特困职工已占城市特困职工的64%。而发展中小企业，是吸收劳动力，解决这部分人员再就业问题的有效途径。中小企业发展了，会吸纳大量的下岗分流人员，解决他们的就业问题。另外，政府还可以给他们必要的帮助和培训，引导他们走自主创业之路，而

---

① 韩丽红、张晶：《资源型城市中小企业作用与发展对策研究》，《中国矿业》2008年第1期。

他们创办的经济实体大多是中小企业。目前，对处于转型期的资源型城市来说，充分重视并发挥中小企业的作用，不仅对经济发展有直接的促进作用，而且对社会的稳定也具有重要意义。因此，如何实现资源型城市民营中小企业可持续发展已经成为全社会广泛关注的问题。

第二节　研究意义

毋庸置疑，民营中小企业在资源型城市转型过程中发挥着重要的作用。应当认识到，各资源型城市在注重大型企业发展和转型的同时，也必须大力发展为大企业配套服务的民营中小企业，才能实现城市经济的可持续发展。但是，中国目前多数资源型城市民营中小企业的发展状况却并不理想。不公平的政策环境，相对落后的科学技术水平和设施设备水平，外在不利条件和自身各种短视行为，使得民营中小企业发展相对缓慢[1]。

榆林市是国家级能源化工基地，这一特殊地位决定了榆林市的主导产业必然是大型国有能源化工产业，榆林市经济在很长一段时期内必然是政府主导型的，也是速度型的，且带有一定的垄断性。但从持续发展的角度讲，仅靠开发自然资源是不可持续的，榆林市目前最主要的问题之一是缺乏市场机制、竞争机制，缺乏后续产业。因而必须大力发展民营经济[2]。

一方面，作为资源型城市，榆林市面临着发展转型问题；另一方面，虽然榆林市民营中小企业有了长足的发展，但也暴露出了许多问题。如产业结构不合理、融资困难、人才供给不足、社会保障不健全等，而民营中小企业发展中存在的这些问题已经影响到榆林经济的健康持续发展。因此，必须对榆林市民营中小企业的发展进行全面分析，深度剖析发展中存在的问题，并提出可行性建议。

本书即针对资源型城市榆林市的民营中小企业存在的问题，从民营中小企业发展的良好的现实基础出发，分析其发展面临的机遇和挑战，借鉴民营中小企业发展的国内外经验，对榆林市民营中小企业发展的总体思路和目标进行定位，并分别对其发展方向、科技创新、管理体制机制创新、投融资设计、公共服务平台建设等问题进行了具体阐述。最后，本书进一

---

① 姜莉：《大力发展榆林民营中小企业的思考》，《榆林学院学报》2007 年第 5 期。

② 同上。

步论述了榆林市民营中小企业可持续发展问题、发展的保障措施及发展的
"八大工程"。这些研究将在一定程度上对民营中小企业的发展进行补充，
有助于丰富和完善资源型城市民营中小企业发展的知识。此外，本书的研
究，也将帮助有关部门对资源型城市的发展有一个更为全面的认识，有助
于企业管理者对企业的长远发展有一个更为深入的理解。因此，本书的研
究成果将对资源型城市民营中小企业的发展具有重要的指导意义，对于中
国资源型城市的发展与顺利转型具有一定的现实意义，从而对中国社会、
经济的全面进步也有着十分重要的借鉴意义。

一　理论意义

资源型城市民营中小企业发展速度迅猛，规模逐步扩大，取得了明显
的经济效益。但是也存在着不少问题。本书通过对民营中小企业发展的论
述、国内外经验的梳理，有针对性地提出了榆林市民营中小企业发展的相
应措施，对其发展方向、科技创新、管理体制机制创新、投融资设计、公
共服务平台建设、可持续发展、发展的保障措施及发展的"八大工程"
等进行了详尽的论述。这些研究在一定程度上有助于丰富和完善资源型城
市民营中小企业发展的知识。

二　现实意义

榆林市民营中小企业的发展为全市经济的发展提供了有力保障。与此
同时，企业在发展过程中存在的问题也越来越突出。本书通过实际调研，
系统分析了民营中小企业发展中存在的问题，提出了相应措施，这将对榆
林市以及其他资源型城市民营中小企业的发展具有重要的指导意义，对于
中国资源型城市顺利转型具有一定的现实意义。

根据姜莉（2007）的阐述，大力发展民营经济，对榆林经济发展至
少有以下几方面的战略意义。

首先，可以弥补能源化工产业的先天性不足，培养榆林后续产业和未
来的主导产业。

能源化工产业是以对自然资源的挖掘、加工为基本特征的。然而再丰
富的自然资源总会有枯竭的一天，因而必须尽早培育后续产业。同时，能
源化工产业不可能不产生采空、塌陷、污染等大量的环境问题，而民营经
济大多在农业领域或交通、流通、通信、信息等服务领域，对环境的破坏

很小，有的对环境保护还是有益的。从世界产业形态演变的趋向看，必然由工业经济发展到信息经济和生物经济，榆林 50 年之后的主导产业也会发生转变。这种转变不应该在"矿竭城衰"之时被动地转变，而应该"未雨绸缪"，主动地转变，大力培育中小企业就是主动转变的重要举措。假如现在的中小企业到半世纪后有一半能成长壮大，那榆林的未来就会充满希望。

其次，大力发展民营中小企业有利于形成竞争机制，有利于促进市场经济体制的建立。

公有经济尤其是国有经济同政府藕断丝连，很难做到真正的政企分开，也就是很难独立自主地参与市场竞争。而民营经济之所以有活力，就在于它和市场经济是天然吻合的，因而，壮大民营经济就能形成区域性竞争机制，就能较快建立市场经济体制，就能在国际国内的市场经济中成长壮大。

再次，大力发展民营企业能壮大第三产业和知识产业，有效加快城市化进程。

民营企业由于资金少、融资难，起步阶段大多在餐饮、商业、运输、修理等服务行业，发展到一定阶段也会涉足信息、房地产、家政服务、物业管理，甚至中介服务、咨询服务、文化服务、公共设施、物流配送等。而这些都是第三产业，越到高级阶段第三产业中知识产业所占比重越大。而在榆林目前的城镇化进程中，第三产业严重滞后，知识类的第三产业和现代服务业尤其滞后，这种滞后不仅会制约城镇化进程，也不利于工业化和农业产业化。

最后，大力发展民营中小企业可以培养大批本土企业家和本土专业技术人员，也能从根本上解决就业难的问题。

任何一个大企业家都是由小到大、由弱到强逐步发展起来的。榆林目前本土企业少，本土老板少，本土企业家更少，本土大企业家基本空白。大力发展民营中小企业就是千方百计鼓励人人创业、鼓励大家做老板、做企业家、鼓励大中专毕业生到民营企业去，先打工后做老板，先做普通劳动者，后做专业技术人员和管理者。这样，本土企业家和技术人员队伍就会壮大，本土企业也会成长壮大。随之，榆林就业难的问题也就会得以解决，因为现代化水平很高的能源化工项目就业容量太小，就业的主渠道主要在第三产业和民营企业。

可见，民营中小企业是榆林未来的希望和重要经济支柱，民营经济发展不足已成为榆林发展的瓶颈和短板。本书即通过对资源型城市民营中小企业发展问题进行梳理，借鉴国内外民营中小企业发展的经验，探讨榆林市民营中小企业发展的总体思路、目标定位及方向定位，并通过对榆林市民营中小企业的科技创新、管理体制机制创新、投融资设计、公共服务平台建设问题的阐述，提出榆林市民营中小企业可持续发展保障措施。为资源型城市实现可持续发展，实现经济发展与生态环境、社会的协调发展提供依据，为榆林的城市发展指明道路。这些都将有利于指导资源型城市的发展转型及示范，使榆林及其他资源型城市在发展实践中少走弯路，为资源型城市的发展与转型提供前瞻性、先进性、可操作性的指导。

作为陕西省新的经济增长极，作为重要的资源富集区，榆林市如何实现民营中小企业大发展，是一个有着重要意义的课题。民营中小企业健康发展是榆林市等资源型城市实现跨越式发展的关键。因此，本书对榆林民营中小企业发展的相关论述，显然具有十分重要的理论意义和现实意义。

第三节　研究理论基础

一　区域经济增长理论

（一）均衡发展理论

区域均衡发展理论主要认为经济是有比例相互制约和支持发展的。新古典区域均衡发展理论是区域均衡理论的代表之一，是建立在自动平衡倾向的新古典假设基础上的。因为根据该理论，市场机制是一只"看不见的手"，人们普遍坚信，只要在完全市场竞争条件下，价格机制和竞争机制会促使社会资源的最优配置。

不发达地区存在着生产与消费的低水平均衡状态，这些地区的经济要增长，就必须打破这种均衡的状态，使整个区域的经济同时获得增长。主要观点包括赖宾斯坦的临界最小努力命题理论、罗森斯坦·罗丹的"大推进"理论、纳克斯的"贫困恶性循环"理论等。均衡发展理论适用于落后地区经济增长的描述和开发，为发展中国家迅速摆脱贫穷落后困境，实现工业化和经济发展，提供了一种理论模式，指出了一条快速发展的路线，因而具有重要的理论意义，并对一些发展中国家的经济实践产生了一定影响。

1. 区域均衡发展理论的分析

这一理论是建立在一系列严格假设条件之上的。这些假设条件包括：（1）生产中有资本和劳动力两种要素，并且可以相互替代；（2）完全的市场竞争模型；（3）生产要素可以自由流动，并且是无成本的；（4）区域规模报酬不变和技术条件一定；（5）发达地区资本密集度高，资本边际收益率低，不发达地区劳动密集度高，工资低。

该理论认为，区域经济增长取决于资本、劳动力和技术3个要素的投入状况，而各个要素的报酬取决于其边际生产力。在自由市场竞争机制下，生产要素为实现其最高边际报酬率而流动。在市场经济条件下，资本、劳动力与技术等生产要素的自由流动，将导致区域发展的均衡。因此，尽管各区域存在着要素禀赋和发展程度的差异，由于劳动力总是从低工资的欠发达地区向高工资的发达地区流动，以取得更多的劳动报酬，同理，资本从高工资的发达地区向低工资的欠发达地区流动，以取得更多的资本收益，要素的自由流动，最后将导致各要素收益平均化，从而达到各地区经济平衡增长的结果。

2. 区域均衡发展理论的内容

（1）赖宾斯坦的临界最小努力命题论。主张发展中国家应努力使经济达到一定水平，冲破低水平均衡状态，以取得长期的持续增长。不发达经济中，人均收入提高或下降的刺激力量并存，如果经济发展的努力达不到一定水平，提高人均收入的刺激小于临界规模，那就不能克服发展障碍，冲破低水平均衡状态。为使一国经济取得长期持续增长，就必须在一定时期受到大于临界最小规模的增长刺激。

（2）纳尔森的低水平陷阱理论。以马尔萨斯理论为基础，说明发展中国家存在低水平人均收入反复轮回的现象。不发达经济的痼疾表现为人均实际收入处于仅够糊口或接近于维持生命的低水平均衡状态；很低的居民收入使储蓄和投资受到极大局限；如果以增大国民收入来提高储蓄和投资，又通常导致人口增长，从而又将人均收入推回到低水平均衡状态中，这是不发达经济难以逾越的一个陷阱。在外界条件不变的情况下，要走出陷阱，就必须使人均收入增长率超过人口增长率。

（3）罗森斯坦·罗丹的大推进理论。主张发展中国家在投资上以一定的速度和规模持续作用于各产业，从而冲破其发展的瓶颈。此理论在发展中国家较有市场，原因在于它的三个"不可分性"的理论基础即社会分摊资本的不可分性、需求的不可分性、储蓄供给的不可分性以及外部经济效果具有更能说服人的证据。

（4）纳克斯的贫困恶性循环理论和平衡增长理论。资本缺乏是阻碍不发达国家经济增长和发展的关键因素，是由投资诱力不足和储蓄能力太弱造成的，而这两个问题的产生又是由于资本供给和需求两方面都存在恶性循环；但贫困恶性循环并非一成不变，平衡增长可以摆脱恶性循环，是扩大市场容量和造成投资诱力的一种必需的方法。

上述理论应用在区域经济中就形成了区域均衡发展理论，它不仅强调部门或产业间的平衡发展、同步发展，而且强调区域间或区域内部的平衡（同步）发展，即空间的均衡化。认为随着生产要素的区际流动，各区域的经济发展水平将趋于收敛（平衡），因此主张在区域内均衡布局生产力，空间上均衡投资，各产业均衡发展，齐头并进，最终实现区域经济的均衡发展。

3. 新古典主义区域均衡发展理论的述评

新古典主义区域均衡发展理论提出以后，在一些欠发达国家和地区的区域开发中，受到了一定程度的重视；对工业化过程中片面强调工业化，忽视地区之间、部门之间的均衡协调发展的倾向有所影响；强调均衡的、大规模投资和有效配置稀缺资源的重要性以及市场机制的局限性，实行宏观经济计划的必要性，为欠发达国家和地区的工业化和区域开发提供了一种理论模式，产生了一些积极的作用。

该理论构建了一个庞大而严格的逻辑体系结构，认为经济发展动力来源于"报酬递减"、"比较优势"等，然而该理论是建立在一系列与现实相去甚远的假设条件之上的。不但把技术进步视作外生因素，没有纳入其分析框架之中，而且丢掉了区域（空间）的一个重要特征，即克服空间距离会产生运输费用。所有这一切，都与新古典主义所讲的前提条件相抵触。

（二）非均衡发展理论

区域经济差异一直是区域经济学研究的核心问题之一，也是世界各国经济发展过程中的一个普遍性问题。其中的非均衡发展理论，最初是发展中国家实现经济发展目标的一种理论选择。但由于区域与国家存在许多相似性，使得该理论与均衡发展理论在做区域开发与规划时，经常被引用和借鉴，作为区域经济发展战略选择的理论基础。

不发达地区存在着生产与消费的低水平均衡状态。由于经济落后地区的资本有限,不可能大规模地投向所有部门,要实现这些地区的经济增长,就只能集中资本投入到几类有带动性的部门,通过有带动性部门的经济优先发展,促使整个区域的经济得到增长。主要的观点包括赫希曼的引致投资最大化原理、"联系效应"理论等,在经济发展的初级阶段和资源稀缺的情况下,相对于均衡增长而言,非均衡增长对发展中国家更具吸引力。

1. 非均衡发展理论的概述

区域均衡发展理论显然是从理性观念出发,采用静态分析方法,把问题过分简单化了,与发展中国家的客观现实距离太大,无法解释现实的经济增长过程,无法为区域发展问题找到出路。非均衡发展主张首先发展一类或几类有带动性部门,通过这几个部门的发展带动其他部门的发展。在经济发展的初级阶段,非均衡发展理论对发展中国家更有合理性和现实指导意义。

2. 非均衡发展理论的内容

按发展阶段的适用性,非均衡发展理论大体可分为两类:一类是无时间变量的,主要包括循环累积因果论、不平衡增长论与产业关联论、增长极理论、中心—外围理论、梯度转移理论等;另一类是有时间变量的,主要以倒"U"型理论为代表。

(1) 冈纳·缪尔达尔的循环累积因果论

该理论认为,经济发展过程在空间上并不是同时产生和均匀扩散的,而是从一些条件较好的地区开始,一旦这些区域由于初始优势而比其他区域超前发展,则由于既得优势,这些区域就通过累积因果过程,不断积累有利因素继续超前发展,从而进一步强化和加剧区域间的不平衡,导致增长区域和滞后区域之间发生空间相互作用,由此产生两种相反的效应:一是回流效应,表现为各生产要素从不发达区域向发达区域流动,使区域经济差异不断扩大;二是扩散效应,表现为各生产要素从发达区域向不发达区域流动,使区域发展差异得到缩小。在市场机制的作用下,回流效应远大于扩散效应,即发达区域更发达,落后区域更落后。基于此,缪尔达尔提出了区域经济发展的政策主张。在经济发展初期,政府应当优先发展条件较好的地区,以寻求较好的投资效率和较快的经济增长速度,通过扩散效应带动其他地区的发展,但当经济发展到一定水平时,也要防止累积循环因果造成贫富差距的无限扩大，政府必须制定一系列特殊政策来刺激落后地区的发展，以缩小经济差距。

（2）阿尔伯特·赫希曼的不平衡增长论

该理论认为经济进步并不同时出现在每一处，经济进步的巨大推动力将使经济增长围绕最初的出发点集中，增长极的出现必然意味着增长在区域间的不平等是经济增长不可避免的伴生物，是经济发展的前提条件。他提出了与回流效应和扩散效应相对应的"极化效应"和"涓滴效应"。在经济发展的初期阶段，极化效应占主导地位，因此区域差异会逐渐扩大；但从长期看，涓滴效应将缩小区域差异。

（3）佩鲁的增长极理论

法国经济学家佩鲁首次提出的增长极概念的出发点是抽象的经济空间，以部门分工所决定的产业联系为主要内容，所关心的是各种经济单元之间的联系。他认为增长并非同时出现在各部门，而是以不同的强度首先出现在一些增长部门，然后通过不同渠道向外扩散，并对整个经济产生不同的终极影响。显然，他主要强调规模大、创新能力高、增长快速、居支配地位的且能促进其他部门发展的推进型单元即主导产业部门，着重强调产业间的关联推动效应。法国的另一位经济学家布代维尔从理论上将增长极概念的经济空间推广到地理空间，认为经济空间不仅包含了经济变量之间的结构关系，也包括了经济现象的区位关系或地域结构关系。因此，增长极概念有两种含义：一是在经济意义上特指推进型主导产业部门；二是地理意义上特指区位条件优越的地区。应指出的是，点—轴开发理论可看作是增长极和生长轴理论的延伸，它不仅强调"点"（城市或优区位地区）的开发，而且强调"轴"（点与点之间的交通干线）的开发，以点带轴，点轴贯通，形成点—轴系统。

（4）弗里德曼的中心—外围理论

在考虑区际不平衡较长期的演变趋势基础上，将经济系统空间结构划分为中心和外围两部分，二者共同构成一个完整的二元空间结构。中心区发展条件较优越，经济效益较高，处于支配地位，而外围区发展条件较差，经济效益较低，处于被支配地位。因此，经济发展必然伴随着各生产要素从外围区向中心区的净转移。在经济发展初始阶段，二元结构十分明显，最初表现为一种单核结构，随着经济进入起飞阶段，单核结构逐渐为多核结构所替代，当经济进入持续增长阶段，随着政府政策干预，中心和外围界限会逐渐消失，经济在全国范围内实现一体化，各区域优势充分发挥，经济获得全面发展。该理论对制定区域发展政策具有指导意义，但其关于二元区域结构随经济进入持续增长阶段而消失的观点是值得商榷的。

（5）区域经济梯度推移理论

该理论的基础是美国的跨国企业问题专家弗农等的工业生产生命循环阶段论，认为工业各部门甚至各种工业产品都处在不同的生命循环阶段上，在发展中必须经历创新、发展、成熟、衰老四个阶段，并且在不同阶段，将由兴旺部门转为停滞部门，最后成为衰退部门。区域经济学者把生命循环论引用到区域经济学中，创造了区域经济梯度转移理论。根据该理论，每个国家或地区都处在一定的经济发展梯度上，世界上每出现一种新行业、新产品、新技术都会随时间推移由高梯度区向低梯度区传递，威尔伯等人形象地称之为"工业区位向下渗透"现象。

无时间变量的区域非均衡学派虽然正确指出了不同区域间经济增长率的差异，但不能因此而断定区际差异必然会不可逆转地不断扩大。因为各种非均衡增长模型片面地强调了累积性优势的作用，忽视了空间距离、社会行为和社会经济结构的意义。缪尔达尔和赫希曼的理论动摇了市场机制能自动缩小区域经济差异的传统观念，并引起一场关于经济发展趋同或趋异的大论战。但是在美国经济学家威廉姆逊的倒"U"型理论提出之前，论战缺乏实证基础。威廉姆逊的研究使讨论向实证化方向迈出了有力的一步，倒"U"型理论也成为有时间变量的非均衡发展理论的代表。

（6）威廉姆逊的倒"U"型理论

威廉姆逊把库兹涅茨的收入分配倒"U"型假说应用到分析区域经济发展方面，提出了区域经济差异的倒"U"型理论。他通过实证分析指出，无论是截面分析还是时间序列分析，结果都表明，发展阶段与区域差异之间存在着倒"U"型关系。这一理论将时序问题引入了区域空间结构变动分析。由此可见，倒"U"型理论的特征在于均衡与增长之间的替代关系随时间的推移而呈非线性变化。

纵观上述两类非均衡发展理论，其共同的特点是，二元经济条件下的区域经济发展轨迹必然是非均衡的，但随着发展水平的提高，二元经济必然会向更高层次的一元经济即区域经济一体化过渡。其区别主要在于，它们分别从不同的角度来论述均衡与增长的替代关系，因而各有适用范围。在关于增长是否不论所处发展阶段如何都存在对非均衡的依赖性问题上，这两类理论之间是相互冲突的。增长极理论、不平衡增长论和梯度转移理论倾向于认为无论处在经济发展的哪个阶段，进一步的增长总要求打破原有的均衡。而倒"U"型理论则强调经济发展程度较高时期增长对均衡的依赖。

（三）新增长理论

知识在经济增长中日益重要，有形投资向高技术商品生产和服务的投入越来越多，人力资源开发成为经济增长的基石。最具代表性的是经济学家罗默的阿罗模型，主要观点是：技术是内生变量，是经济增长的唯一源泉。卢卡斯模型的主要观点是经济增长的快慢与一个地区的人力资本状况有直接的关系。熊彼特的创新理论主要观点是：人力资本成为经济增长的主要因素后，创新就成为左右经济增长的关键性行动。这种创新表现在五个方面：一是使用一种新的技术，二是开发一种新的产品，三是运用一种新的工艺，四是开拓新的市场，五是尝试一种新的组织形式，但由于"创新破坏性的存在"，创新的不确定性使经济增长具有周期性的特点。这一理论成为发达地区经济增长理论的基础。

1. 新增长理论概述

新增长理论是经济学的一个分支，它全力解决经济科学中一个重要且令他人困惑的主题：增长的根本原因。它的出现标志着新古典经济增长理论向经济发展理论的融合。这一融合的显著特点是，强调经济增长不是外部力量（如外生技术变化），而是经济体系的内部力量（如内生技术变化）作用的产物，重视对知识外溢、人力资本投资、研究和开发、收益递增、劳动分工和专业化、边干边学、开放经济和垄断化等新问题的研究，重新阐释了经济增长率和人均收入的广泛的跨国差异，为长期经济增比提供了一幅全新的图景。

近半个世纪以来，现代经济增长理论经历了一条由外生增长到内生增长的演进道路。在 20 世纪 80 年代中期，以 Romer. P，Lucas. R 等人为代表的一批经济学家，在对新古典增长理论重新思考的基础上，提出了一组以内生技术变化为核心的论文，探讨了长期增长的可能前景，重新引起了人们对经济增长理论和问题的兴趣，掀起了一股"新增长理论"（New Growth Theory）的研究潮流。

这一理论自 20 世纪 80 年代产生以来，迅速成为理论界关注的焦点，对世界经济增长，尤其对发展中国家经济产生了重要的影响。

新增长理论最重要的突破是将知识、人力资本等内生技术变化因素引入经济增长模式中，提出要素收益递增假定，其结果是资本收益率可以不变或增长，人均产出可以无限增长，并且增长在长期内可以递增。技术内生化的引入，说明技术不再是外生，即人类无法控制的东西，而是人类出于自身利益而进行投资的产物。新增长理论主要有以下五大研究思路：

（1）知识外溢和边干边学的内生增长思路

以 Romer.P，Lucas.R，Stokey.N 和 Young，Alwyn 等人为代表，强调知识和人力资本是"增长的发动机"。因为知识和人力资源本身就是一个生产投入要素：一方面它是投资的副产品，即每一个厂商的资本增加都会导致其知识存量的相应提高；另一方面知识和人力资本具有"外溢效应"，即一个厂商的新资本积累对其他厂商的资本生产率有贡献。这意味着，每一个厂商的知识水平是与整个经济中的边干边学，进而与全行业积累的总投资成比例的。通过这种知识外溢的作用，资本的边际产出率会持久地高于贴现率，使生产出现递增收益。也就是说，任一给定厂商的生产力是全行业积累的总投资的递增函数，随着投资和生产的进行，新知识将被发现，并由此形成递增收益。因此，通过产生正的外在效应的投入（知识和人力资本）的不断积累，增长就可以持续。

（2）内生技术变化的增长思路

以 Romer.P，Helpman.E 和 Howitt.P 等人为代表，强调发展研究是经济刺激的产物，即有意识的发展研究所取得的知识是经济增长的源泉。大量的创新和发明正是厂商为追求利润极大化而有意识投资的产物。由于这一研究与开发产生的知识必定具有某种程度的排他性，因此开发者拥有某种程度的市场力量。可见，创新需要垄断利润的存在，因此，这种经济补偿是完全竞争的，它需要某种垄断力。但是，发明者的垄断地位具有暂时的性质，在新的创造出现时，它就会被取代并丧失其垄断利润。正是这种对垄断利润的追求，以及垄断利润的暂时性质，使得创新不断继续，从而，经济就进入持续的长期增长中。

（3）线性技术内生的增长思路

以 Rebdo.S 和 Barm.R 等人为代表，其显著特点是生产函数的线性技术（或称凸性技术 eonvextechnology），产出是资本存量的函数。与新古典模式不同的是，这里的资本是广义概念的资本，它不仅包括物质资本，还包括人力资本，即两者的复合。它们在生产中未被完全替代，因而虽然每一种投入均具有递减收益，但两种资本在一起就具有不变规模收益。从而随着资本存量的增加，产出同比例地增加，导致长期增长成为可能，这一研究思路的另一特点是对政府政策的分析，提出政府服务是与私人投入一样的生产性支出，是"增长的催化剂"（catalyst of growth），政府的活动被完全内生化。同时，政府政策效应——增长效应还是水平效应——取决于各种政策的配套，具有复杂性，由此评估政策效应必须"面面俱到"（look at everything）。

（4）开放经济中的内生增长思路

以 Romer. P，Grossman. G，Helpman. E 和 Krugman. R. P 等人为代表，他们受 20 世纪 80 年代初兴起的"新贸易理论"的启发，把内生创新的模式扩张到国际的商品、资本、思想流动：这一研究强调政府贸易政策对世界经济的长期增长具有影响，即政府政策对技术投资结构产生的作用，将会使世界经济的增长状况呈现相应的变化。同时由于知识外溢和边干边学的作用，国际贸易对发达国家和发展中国家的经济增长都有促进作用，并且偶然的主要技术变化的作用可能会导致后进国家的"蛙跳"式增长，实现赶超。

（5）专业化和劳动分工的内生增长思路

以 Baumgardner. J，borland. J 和杨小凯等人为代表，他们在对亚当·斯密的专业化和劳动分工理论重新思考的基础上，提出劳动分工不仅如亚当·斯密所强调的那样受市场范围的限制，而且主要受协调成本（Coordination Cost）以及可获得一般知识的数量的限制，并且分工的扩展与知识的积累相互作用。如果参与分工的人数在协调分工的成本函数的弹性与其在生产函数中的产出弹性之间的相对差异小于人力资本的产出弹性，那么，均衡的增长率将大于零，即增长可以无限地持续下去。

2. 新增长理论的理论意义

首先，填补了西方经济理论中的空白。新增长理论将经济增长的源泉由外生转化为内生，从理论上说明知识积累和技术进步是经济增长的决定因素，并对技术进步的实现机制作了详细的分析，这些研究填补了西方经济理论中的空白。它将技术看作是经济系统的一个中心部分，是"内生"的。并且技术进步可以提高投资的收益，投资又使技术进步更有价值，形成一个良性循环，长期恒定地促进经济的增长。

其次，为经济持续的增长找到了源泉和动力。新增长理论将知识和人力资本因素纳入经济增长模型，为经济持续的增长找到了源泉和动力。古典增长理论学家大卫·李嘉图得出经济发展最终处于停滞的悲观结论。凯恩斯学派和新古典增长理论都认为一旦没有技术进步，经济发展就将停止。新增长理论则认为，专业化的知识和人力资本的积累可以产生递增的收益并使其他投入要素的收益递增，从而总的规模收益递增，这突破了传统经济理论关于要素收益的递减或不变假定，说明了经济增长持续和永久的源泉与动力。

再次，对于一些经济增长事实具有相当的解释力。例如，新增长理论证明了垄断竞争经济中均衡的存在，因为对新技术的垄断以及由此带来的超额利润提供了投资和技术研究的动力。以及由于知识和人力资本有外溢效应，高人力资本的发达国家资本利用率高，从而这些国家的物质资本收益率与人力资本收益率也将较高，因此，当生产要素可以在各国自由流动时，资本和人才可能会从发展中国家流向发达国家。此外，国际贸易可以使发展中国家利用国际上的先进技术，从而促进发展中国家的技术进步和经济增长，同时国际贸易也可能使发展中国家专业化于技术含量低的传统产品部门，从而对发展中国家的经济增长产生不利影响，等等。

最后，对制定经济政策产生重大影响。新增长理论认为，市场力量的作用不足以利用社会可能达到的最大创新潜力，一部分创新潜力被浪费了。政府有责任、有理由进行干预，这样做的结果是提高了经济增长率。但是，政策制定者们把注意力集中在经济周期上，忙于进行"微调"和寻求操纵"软着陆"的方法是不对的。因为支撑经济周期的是探索发现与创新过程。因此，政府应着力于能促进发展新技术的各种政策的制定。如支持教育，刺激对物质资本的投资，保护知识产权，支持研究与开发工作，实行有利于新思想形成并在世界范围内传递的国际贸易政策，以及避免政府对市场的扭曲等。

新增长理论对经济增长和经济发展提出了许多深刻的见解，在经济学理论界和各国经济实践中产生了广泛的影响。新增长理论目前仍在继续发展，新的理论模型还在不断产生，一些严格的假设条件逐步被放宽，越来越多的新增长理论家开始将政策变量纳入新增长模型，一些学者则利用新增长模型的分析框架对各国经济增长作了经验分析。可以预见，通过这些研究，新增长理论将逐步成熟起来。

（四）区域经济发展阶段理论

美国经济学家钱纳里对 34 个准工业国家的经济发展进行了实证研究，提出任何国家和地区的经济发展会规律性地经过 6 个阶段：第一阶段是传统社会，第二阶段是工业化初期阶段，第三阶段是工业化中期阶段，第四阶段是工业化后期阶段，第五阶段是后工业社会，第六阶段是现代化社会。从任何一个发展阶段向下一个阶段的跃迁都是通过产业结构转化来推动的，在不同国家、不同地区，由于国情区情不同，区域经济发展阶段表现形式也不尽相同。中国目前正处于工业化中期阶段。

1. 传统社会阶段：产业结构以农业为主，绝大部分人口从事农业，没有或极少有现代化工业，生产力水平很低。

2. 工业化初期阶段：产业结构由以落后的农业为主的传统结构逐步向现代工业为主的工业化结构转变，工业中则以食品、纺织、烟草、采掘、建材等初级产品的生产为主。

3. 工业化中期阶段：制造业内部由轻型工业的迅速增长转向重工业的迅速增长，非农业劳动力占主体，第三产业开始迅速发展，这就是所谓的中工业化阶段。

4. 工业化后期阶段：该时期主要特征是在第一、第二产业获得较高水平发展的条件下，第三产业保持持续高速发展，成为区域经济增长的主要力量，是区域经济增长的主要贡献者。

5. 后工业化社会阶段：制造业内部结构由资本密集型产业为主导产业向以技术密集型产业为主导产业的转换，同时生活方式现代化，高档耐用消费品在广大群众中推广普及。

6. 现代化社会阶段：第三产业开始分化，智能密集型和知识密集型产业开始从服务业中分离出来，并占主导地位，人们消费的欲望呈现出多样性和多变性，并追求个性。

二　产业结构升级理论

（一）产业结构升级的内涵

20 世纪三四十年代是现代产业结构理论的形成时期。产业结构是国民经济各产业之间的技术经济联系和数量对比关系。产业结构高度化包括产出结构高度化、资本结构高度化、技术结构高度化、就业结构高度化和产业组织演化和分工深化六个方面。所以，对产业结构升级可以循着这六个方面包含的指标进行衡量和评价。

产业结构升级可以定义为：产业结构向着具有较高生产率、较快需求增长以更高级技术为基础的方向转移，最终表现为经济良性发展、国际贸易条件的改善。产业结构升级的核心是生产率的不断提高。简单地说，产业升级就是从目前的产业结构转变为利润更大更赚钱的产业结构。比如从传统的工厂发展为高新技术产业。

（二）产业结构升级的规律

产业结构在工业化过程中具有不断从低级结构向高级结构演进的规律性。主要有：

1. 配第—克拉克定律。随着人均收入的提高，劳动力在三次产业之间顺次转移的规律性。

2. 库兹涅茨三次产业的产值与就业变化规律。美国经济学家库兹涅茨在前人的研究基础上，使用现代经济统计方法，对截面数据进行了统计回归分析，得出了更一般的结论，不仅证实了配第—克拉克法则，而且进一步阐明了产业结构变动的一般趋势。

3. 钱纳里的标准产业结构模型。钱纳里在克拉克、库兹涅茨的研究成果基础上，将研究领域扩展到低收入国家，揭示了不同经济发展阶段产业结构变化的标准模式，对中国目前的产业结构研究影响很大。

4. 工业结构演进规律。克拉克和库兹涅茨等人的研究发现，工业部门是国家经济发展的主导部门，整个工业化进程依次会出现重化工业化、加工高度化、技术集约化三个阶段。

5. 产业结构软化趋势。日本研究界首先提出产业结构出现服务化、信息化等软化趋势，软产业主要指第三产业的比重不断上升，对管理、技术、信息和知识等软要素的依赖程度加深。

6. 刘易斯二元结构模式。刘易斯对发展中国家经济结构变动进行了开拓性的研究，他认为发展中国家要实现产业结构高级化，必须实现传统部门向现代部门的转变。

（三）产业结构升级的测度

传统的结构升级测度方法主要有：一是建立可供参照的标准模式（通常是多国平均模式），并与之进行比较，或者计算与标准模式的相似系数。二是用密集高级要素的高技术部门的份额进行衡量。三是通过测度生产要素密集度的变化和各生产要素对经济增长的贡献进行衡量。

适应新形势的产业结构升级的测度，有技术升级与需求升级相对应的产品结构升级、技术要素密集度升级、分工深化细化引起的结构组织变化、沿着价值链的升级和贸易条件的改善等。

（四）产业结构升级的动力

产业结构有序变化的动力机制是产业结构升级问题研究的基本问题之一。钱纳里等人的工业化多国模型，揭示了需求和技术进步两大基本决定因素对产业结构升级的影响。产业结构升级的成长效应，体现在适应需求升级的变化和生产率差异两个方面。从需求角度来看，由于收入弹性的不同导致最终需求、贸易需求的增长格局发生变化和产业关联导致的中间需求迅速增长。从供给角度来看，行业的技术进步差异和战略性进入影响了产业之间资源配置的非均衡性。更进一步讲，产业结构升级的动态效益与技术进步的方向存在一定的关系，只有当技术升级与产业结构升级同方向变化，才能带来一国贸易条件的改善。

产业结构升级强调主导部门和支柱产业的成长及更替。对"主导产业理论"进行开拓性研究的是美国的罗斯托，他把经济增长分为五个阶段，即为起飞创造前提的阶段、起飞阶段、向成熟推进阶段、高额群众消费阶段、追求生活质量阶段，每个阶段都存在着相应的起主导作用的产业部门，并指出与其他产业存在扩散和波及效应。

（五）产业结构升级的演化

全球生产方式的演化，经历了从标准化、流水线、大规模的福特制生产方式，到准时化与精益生产的丰田制，再到模块外包与大规模定制的温特制变化。随着贸易和投资全球化的不断深入，国际分工格局开始加快，由产业间分工向产业内分工以及产品内分工转化，以纵向分离和协调为重要特征的全球生产网络已经逐渐形成。

三 循环经济理论

循环经济是一种科学的理念，也是一种经济发展模式。循环经济是当今社会发展的大势所趋，是人类实现可持续发展的一条有效途径，发达国家在发展循环经济方面已取得了成效，并以立法的形式加以推进，使循环经济与知识经济成为 21 世纪经济新"亮点"。德国和日本在推进循环经济发展上，给中国经济发展树立了良好的典范。循环经济思想也为越来越多的国家和国际组织，以及世界大企业和中小型联合企业所重视。中国对循环经济的发展也在进行积极的探索，将其作为"十一五"规划的重点目标之一。引入循环经济是中国资源型城市发展的必然道路。

（一）循环经济的基本内涵

循环经济的核心是指在人、自然资源和科学技术的大系统内，在资源投入、企业生产、产品消费及其废弃的全过程中，把传统的依赖资源消耗的线型增长的经济，转变为依靠生态型资源循环来发展的经济。发展循环经济，能够极大地减少污染排放，可以实现资源的高效利用，进而促进经济的健康发展。

循环经济（recycle economy）一词，目前尚没有统一的定义，大致有三种说法。一是认为循环经济作为一种新的生产方式，是在生态环境成为经济增长制约要素，成为一种公共财富阶段的一种新的技术经济模式，是建立在人类生存条件和福利平等基础上的以全体社会成员生活福利最大化为目标的一种新的经济形态。"资源消费—产品—再生资源"闭环型物质流动模式，资源消耗的减量化、再利用和资源再生化都仅仅是其技术经济范式的表征。其本质是对人类生产关系进行调整，其目标是追求可持续发展。二是认为循环经济是指模拟自然生态系统的运行方式和规律要求，实现特定资源的可持续利用和总体资源的永续利用，实现经济活动的生态化，其实质是生态经济。三是认为循环经济是对物质闭环流动型经济的简称。循环经济是把环境保护与经济发展联系起来的经济，是把清洁生产上升到经济理论的经济。循环经济是以在自然生态系统的承受能力之内的科学发展为宗旨，以合理需求和有效供给为目标，以科学技术为第一生产力的指导思想，优化配置自然资源，以产业结构调整、技术创新、清洁生产、资源定价、绿色消费等经济、法律、行政、科技和教育的综合手段转变经济增长方式，与环境保护紧密结合，以资源的高效和循环利用，使人类经济社会发展与自然生态系统的良性循环相和谐、促进可持续发展的新经济。循环经济不仅是发达国家后工业化的主要途径，也是发展中国家通过可持续发展逐步走向知识经济的必由之路。

循环经济观要求遵循"3R"原则，即减量化、再使用和再循环原则［1998年引入德国循环经济概念，确立了"减量化、再利用、资源化"（3R）原则的中心地位，从此，循环经济开始了快速发展时期］。

资源利用的减量化原则，也称减物质化原则。该原则主要针对的是输入端，旨在减少进入生产和消费过程中物质和能源流量。对废弃物的产生，是通过预防的方式而不是末端治理的方式来加以避免。在生产中，制造厂可以通过减少每个产品的原料使用量、通过重新设计制造工艺来节约资源和减少排放。在消费中，人们以选择包装物较少的物品，购买耐用的可循环使用的物品而不是一次性物品，以减少垃圾的产生。

产品的再使用原则。该原则主要针对过程，通过提高产品和服务的利用效率，尽可能延长产品的使用周期，并在多种场合使用。再使用属于过程性方法，目的是延长产品和服务的时间强度。即尽可能多次或多种方式地使用物品，避免物品过早地成为垃圾。在生产中，制造商可以使用标准尺寸进行设计。在生活中，人们可以将可维修的物品返回市场体系供别人使用或捐献自己不再需要的物品。

废弃物的再循环原则。该原则也称资源化原则。主要是针对输出端，可以最大限度地减少废弃物排放，力争做到排放的无害化，实现资源再循环。再循环这种输出端方法，能把废弃物再次变成资源以减少最终处理量，也就是通常所说的废品的回收利用和废物的综合利用。资源化能够减少垃圾的产生，制成使用资源较少的新产品。资源化有两种：一是原级资源化，即将消费者遗弃的废弃物资源化后形成与原来相同的新产品。二是次级资源化，即废弃物变成与原来不同类型的新产品。原级资源化利用再生资源比例高，而次级资源化利用再生资源比例低。与资源化过程相适应，消费者应增强购买再生物品的意识，来促进整个循环经济的实现。

上述三原则（3R原则）在循环经济中的重要性并不是并列的，而是有优先顺序的，其优先顺序是：减量化（输入端）—再利用（过程）—再循环（输出端）。循环经济操作的首要原则是减量化，强调在优先减少资源消耗和减少废物产生的基础上综合运用"3R"原则，实现循环经济的最佳生产方式。

资源型城市是在对矿产资源开发利用的基础上建立和发展起来的，对矿产资源的依赖性较强，并且在早期的发展过程中，对资源的开发利用十分重视，对环境的保护重视不够，从而在发展过程中出现了一系列问题。因此，发展循环经济对中国资源型城市的可持续发展具有极为重要的意义。

由于矿产资源具有不可再生的属性，其枯竭具有必然性。资源型城市的支柱产业也将随之由兴到衰，资源型城市最终发展方向是衰亡或持续发展。发展循环经济可通过构建企业、产业和区域经济循环，调整产业结构，发展非矿产业，使资源型城市演变为综合性城市；也可通过提高资源利用效率、延长产业链，或者通过寻找发现新的矿藏并开发利用，延长资源型城市的生命周期，并在此过程中发展循环经济，实现可持续发展。

四　可持续发展理论

"可持续发展"一词是在 1980 年的《世界自然保护大纲》中首次作为术语被提出的。1980 年 3 月 5 日联合国大会向全世界发出呼吁："必须研究自然的、生态的、经济的以及利用自然资源过程中的基本关系，确保全球的持续发展。""可持续发展"的思想在全球达成共识的标志是 1992 年 6 月在巴西里约热内卢召开的联合国环境与发展会议（UNCED）。这次历史空前的"地球首脑会议"通过了贯穿有可持续发展思想的三个重要文件，即《里约宣言》、《21 世纪议程》和《森林问题原则声明》。[①]

（一）可持续发展的概念

可持续发展理论是指既满足当代人的需要，又不对后代人满足其需要的能力构成危害的发展。

与任何经济理论和概念的形成和发展一样，可持续发展概念形成了不同的流派，这些流派或对相关问题有所侧重，或强调可持续发展中的不同属性，从全球范围来看，比较有影响的有以下几类：

1. 着重于从自然属性定义可持续发展

较早的时候，持续性这一概念是由生态学家首先提出来的，即所谓生态持续性。它旨在说明自然资源及其开发利用程度间的平衡。1991 年 11 月，国际生态学协会（Intecol）和国际生物科学联合会（Iubs）联合举行关于可持续发展问题的专题研讨会。该研讨会的成果不仅发展而且深化了可持续发展概念的自然属性，将可持续发展定义为：保护和加强环境系统的生产和更新能力。从生物圈概念出发定义可持续发展，是从自然属性方面定义可持续发展的一种代表，即认为可持续发展是寻求一种最佳的生态系统以支持生态的完整性和人类愿望的实现，使人类的生存环境得以持续。

---

① 夏青：《面向可持续发展的资源型城市生态环境评价》，科学出版社 2010 年版。

2. 着重于从社会属性定义可持续发展

1991 年，由世界自然保护同盟、联合国环境规划署和世界野生生物基金会共同发表了《保护地球——可持续生存战略》（*Caring For the Earth*：*A strategy For Sustainable Living*）（简称《生存战略》）。《生存战略》提出的可持续发展定义为"在生存于不超出维持生态系统涵容能力的情况下，提高人类的生活质量"，并且提出可持续生存的九条基本原则。在这九条基本原则中，既强调了人类的生产方式与生活方式要与地球承载能力保持平衡，保护地球的生命力和生物多样性，同时，又提出了人类可持续发展的价值观和 130 个行动方案，着重论述了可持续发展的最终落脚点是人类社会，即改善人类的生活质量，创造美好的生活环境。《生存战略》认为，各国可以根据自己的国情制定各不相同的发展目标。但是，只有在"发展"的内涵中包括有提高人类健康水平、改善人类生活质量和获得必需资源的途径，并创造一个保持人们平等、自由、人权的环境，"发展"只有使人们的生活在所有这些方面都得到改善，才是真正的"发展"。

3. 着重于从经济属性定义可持续发展

这类定义有不少表达方式。不管哪一种表达方式，都认为可持续发展的核心是经济发展。在《经济、自然资源、不足和发展》一书中，作者 Edward B. Barbier 把可持续发展定义为"在保持自然资源的质量和其所提供服务的前提下，使经济发展的净利益增加到最大限度"。还有的学者提出，可持续发展是"今天的资源使用不应减少未来的实际收入"。当然，定义中的经济发展已不是传统的以牺牲资源和环境为代价的经济发展，而是"不降低环境质量和不破坏世界自然资源基础的经济发展"。

4. 着重于从科技属性定义可持续发展

实施可持续发展，除了政策和管理国家之外，科技进步起着重大作用。没有科学技术的支持，人类的可持续发展便无从谈起。因此，有的学者从技术选择的角度扩展了可持续发展的定义，认为"可持续发展就是转向更清洁、更有效的技术，尽可能接近'零排放'或'密闭式'工艺方法，尽可能减少能源和其他自然资源的消耗"。还有的学者提出，"可持续发展就是建立极少产生废料和污染物的工艺或技术系统"。他们认为，污染并不是工业活动不可避免的结果，而是技术差、效益低的表现。

5. 被国际社会普遍接受的布氏定义的可持续发展

1988 年以前，可持续发展的定义或概念并未正式引入联合国的"发展业务领域"。1987 年，布伦特兰夫人主持的世界环境与发展委员会，对可持续发展给出了定义："可持续发展是指既满足当代人的需要，又不损害后代人满足需要的能力的发展。"1988 年春，在联合国开发计划署理事会全体委员会的磋商会议期间，围绕可持续发展的含义，发达国家和发展中国家展开了激烈争论，最后磋商达成一个协议，即请联合国环境理事会讨论并对"可持续发展"一词的含义，草拟出可以为大家所接受的说明。1981 年 5 月举行的第 15 届联合国环境署理事会期间，经过反复磋商，通过了《关于可持续的发展的声明》。

（二）可持续发展的内涵

从全球普遍认可的概念中，可以梳理出可持续发展有以下几个方面的丰富内涵：

1. 共同发展

地球是一个复杂的巨系统，每个国家或地区都是这个巨系统不可分割的子系统。系统的最根本特征是其整体性，每个子系统都和其他子系统相互联系并发生作用，只要一个系统发生问题，都会直接或间接影响到其他系统，甚至会诱发系统的整体突变，这在地球生态系统中表现最为突出。因此，可持续发展追求的是整体发展和协调发展，即共同发展。

2. 协调发展

协调发展包括经济、社会、环境三大系统的整体协调，也包括世界、国家和地区三个空间层面的协调，还包括一个国家或地区经济与人口、资源、环境、社会以及内部各个阶层的协调，持续发展源于协调发展。

3. 公平发展

世界经济的发展呈现出因水平差异而表现出来的层次性，这是发展过程中始终存在的问题。但是这种发展水平的层次性若因不公平、不平等而引发或加剧，就会因为局部而上升到整体，并最终影响整个世界的可持续发展。可持续发展思想的公平发展包含两个维度：一是时间维度上的公平，当代人的发展不能以损害后代人的发展能力为代价；二是空间纬度上的公平，一个国家或地区的发展不能以损害其他国家或地区的发展能力为代价。

4. 高效发展

公平和效率是可持续发展的两个轮子。可持续发展的效率不同于经济学的效率，可持续发展的效率既包括经济意义上的效率，也包含着自然资源和环境的损益的成分。因此，可持续发展思想的高效发展是指经济、社会、资源、环境、人口等协调下的高效率发展。

5. 多维发展

人类社会的发展表现出全球化的趋势，但是不同国家与地区的发展水平是不同的，而且不同国家与地区又有着异质性的文化、体制、地理环境、国际环境等发展背景。此外，因为可持续发展又是一个综合性、全球性的概念，要考虑到不同地域实体的可接受性，因此，可持续发展本身包含了多样性、多模式的多维度选择的内涵。因此，在可持续发展这个全球性目标的约束和指导下，各国与各地区在实施可持续发展战略时，应该从国情或区情出发，走符合本国或本区实际的、多样性、多模式的可持续发展道路。

（三）可持续发展的基本原则

1. 公平性原则

所谓公平是意味着机会选择的平等性。可持续发展的公平性原则包括两个方面：一方面是本代人的公平即代内之间的横向公平；另一方面是指代际公平性，即世代之间的纵向公平性。可持续发展要满足当代所有人的基本需求，给他们机会以满足他们要求过美好生活的愿望。可持续发展不仅要实现当代人之间的公平，而且也要实现当代人与未来各代人之间的公平，因为人类赖以生存与发展的自然资源是有限的。从伦理上讲，未来各代人应与当代人有同样的权利来提出他们对资源与环境的需求。可持续发展要求当代人在考虑自己的需求与消费的同时，也要对未来各代人的需求与消费负起历史的责任，因为同后代人相比，当代人在资源开发和利用方面处于一种无竞争的主宰地位。各代人之间的公平要求任何一代都不能处于支配的地位，即各代人都应有同样选择的机会空间。

2. 持续性原则

这里的持续性是指生态系统受到某种干扰时能保持其生产力的能力。资源环境是人类生存与发展的基础和条件，资源的持续利用和生态系统的可持续性是保持人类社会可持续发展的首要条件。这就要求人们根据可持续性的条件调整自己的生活方式，在生态可能的范围内确定自己的消耗标准，要合理开发、合理利用自然资源，使再生性资源能保持其再生产能力，非再生性资源不致过度消耗并能得到替代资源的补充，环境自净能力能得以维持。可持续发展的可持续性原则从某一个侧面反映了可持续发展的公平性原则。

3. 共同性原则

可持续发展关系到全球的发展。要实现可持续发展的总目标，必须争取全球共同的配合行动，这是由地球整体性和相互依存性所决定的。因此，致力于达成既尊重各方的利益，又保护全球环境与发展体系的国际协定至关重要。正如《我们共同的未来》中所写的"今天我们最紧迫的任务也许是要说服各国，认识回到多边主义的必要性"，"进一步发展共同的认识和共同的责任感，是这个分裂的世界十分需要的"。这就是说，实现可持续发展就是人类要共同促进自身之间、自身与自然之间的协调，这是人类共同的道义和责任。

第四节　研究思路和方法

一　研究思路

目前，国内外对于相关理论基础、民营中小企业、资源型城市的研究比较多，也有较多的实践经验可以借鉴，这些都为本书的写作提供了基础。本书通过实地调研，首先梳理了榆林市民营中小企业发展的现实基础及发展面临的机遇和挑战，在借鉴国内外中小企业发展经验的基础上，首先确定总体思路并进行目标定位、发展方向设计；然后分别阐述了榆林市民营中小企业的科技创新、管理体制机制创新、投融资设计、公共服务平台建设，并对其民营中小企业可持续发展问题、发展的保障措施等进行了论述；最后介绍了榆林市民营中小企业发展"八大工程"。

本书研究内容如下：

第一部分绪论部分，对研究背景、研究意义、研究理论基础、研究思路等问题进行阐述。

第二部分对榆林市民营中小企业发展的现实基础以及面临的机遇和挑战进行论述。

第三部分对国内外经验进行梳理，以期对榆林市民营中小企业的发展有一定的借鉴。

第四部分首先确定总体思路、进行目标定位，并从产业发展选择、重点企业发展设计、重点产品培养设计等三方面对发展方向进行了设计。

第五部分分别阐述了榆林市民营中小企业的科技创新、管理体制机制创新、投融资设计、公共服务平台建设。

第六部分对榆林市民营中小企业可持续发展问题、民营中小企业发展的保障措施进行了论述。

第七部分介绍了榆林市民营中小企业发展"八大工程"。

二　研究方法

（一）文献资料及信息分析

通过查阅文献，对文献资料及相关信息进行搜集、鉴别和整理，并通过对文献的深入研究，形成对事实的科学认识的方法，在前人研究的基础上，形成本书的研究框架和研究内容。

（二）比较研究法

借鉴国内外经验，根据资源型城市发展的规律，提出榆林市中小企业发展的问题研究。

（三）实地调查法

本书通过实地调研，具体采取深度访谈等方法，向相关政府工作人员及企业管理人员了解榆林市民营中小企业发展的现状和他们对民营中小企业发展问题的看法及前景预测等，对搜集到的第一手资料进行分析、综合、比较，从而归纳总结出榆林市民营中小企业发展的现实基础及发展面临的机遇和挑战，提出具体措施。

第二章　榆林市民营中小企业发展的现实基础和战略

第一节　榆林市民营中小企业发展的现实基础

中小企业作为经济发展的细胞，在国家和区域经济发展中占据着基础的地位，在名称上，中小企业是规模概念，乡镇企业是地域概念，非公有制企业是所有制概念，从总体上讲，它们相互包含，是同一个主体。榆林市地处陕、甘、宁、内蒙古、晋五省区结合部，具有承东启西、连接南北的区位优势；交通便捷，资源丰富，是国家重要的能源战略基地；绿色畜牧业、特色农业、装备制造业、现代服务业以及文化产业亦呈蓬勃兴起之势，后发优势明显，发展潜力巨大。

一　民营中小企业发展具备的良好条件

（一）民营经济迅速发展，效益不断提高

榆林市民营中小企业已经发展成为榆林市国民经济发展的重要组成部分，呈现出"总量扩大、运行稳定、结构趋优、贡献加大"的良好局面。2012 年，榆林市深入实施项目带动战略，十一个县域工业园区已被省政府确认为全省重点建设县域工业集中区。截至 2012 年底，榆林市民营中小企业实现增加值 1447.71 亿元，占全市 GDP 2769.22 亿元的 52%。榆林市非公经济实现增加值达到 1107 亿元，占全市生产总值比重达到 38.9%，比 2012 年提高了 1.3 个百分点；上缴税金 101 亿元，占全市财政总收入的 28.6%；新增规模以上民营企业 95 户。以榆阳区为例，2012 年，全区中小企业拥有总资产 258.8 亿元，营业收入年均增长 14.1%，利润总额年均增长 11.3%，增加值年均增长 13.2%。全区中小企业发展到 14498 户，其中企业法人单位 1173 户、个体经营户 13325 户。中小企业完成营业收入 334 亿元，利润总额 125 亿元，增加值 215 亿元，中小企业增加值占 GDP 比重达 52.43%，已经占据"半壁江山"。而榆阳区也被省政府授予"陕西省加快发展中小企业先进单位"。

（二）中小企业数量持续增加，拉动就业明显

中小企业的快速发展，也为城镇居民、大中专毕业生、进城农民转业、下岗职工和外来民工提供了广阔的就业市场。2012 年，榆林市严格执行中、省一系列促进中小企业、非公有制经济发展的优惠政策，截至 2012 年底全市中小企业总数达 137558 个，其中法人企业 8907 个，同比增长 14.96%，小微企业 128651 个，同比增长 6.83%；中小企业劳动者报酬达 198.56 亿元；从业人员达 613243 人，同比增长 3.85%。中小企业营业收入实现 2648.95 亿元，同比增长约 25%。全市非公经济组织达到 137505 个，其中法人企业 8854 个；劳动者报酬实现 187.63 亿元（人均年工资 3.23 万元，月薪人均 2600—2700 元），从业人数达到 583995 人，非公经济增加值达到 1042.15 亿元，占全市 GDP 2769.22 亿元的比重为 37.63%，非公经济占全市 GDP 的比重较 2011 年提高了 1.53 个百分点。

（三）经营领域拓宽，社会贡献突出

20 世纪 90 年代，随着长庆油田、神华集团等大型中央企业进驻榆林，以煤、气、油、盐、电、化、材为主导的重工业得到迅猛发展，成为全市经济增长的中坚力量，使榆林市的经济结构发生了彻底的变化，形成了"一业独大"的局面。榆林市不断推进改革开放，出台了鼓励民营经济发展的一系列政策、措施，中小企业和非公经济的经营领域不断拓宽。已经形成了煤焦电产业、载能工业、化学工业、农产品加工业等特色中小企业集群。中小企业及非公经济在解决城乡就业，维护社会稳定，支持农业发展，带动小城镇建设，推进农村工业化、城镇化、现代化等方面的地位和作用更加突出。

（四）园区建设成效显著，县域产业布局特色明显

根据"两区六园"（榆林经济开发区、神府经济开发区，榆神煤化工园区、榆横煤化工园区、靖边能源化工综合利用园区、府谷煤电化载能工业园区、吴堡煤焦化工业园区、绥米佳盐化工园区）的工业布局，榆林市依托地方特色资源，规划建设中小企业创业园，已启动建设各类中小企业园区 17 个，有 7 个被确定为省级重点建设的县域工业园区。目前榆林

市已经形成煤炭、电力为主的能源产业集群，以煤化工、氯碱化工为主的化工产业集群，同时羊绒毛服饰产业集群，红枣、洋芋、小杂粮加工及石材加工等一批非能源型产业集群也正在形成。

（五）科技含量有所提高，竞争力逐步趋强

为引导中小企业自主创新，榆林市专门设立了每年500万元的科技创新基金、350万元的科技特派员专项经费、3000万元的校地产学研专项经费，总投入1亿元的"61211"科技创新工程专项经费。榆林市中小企业产品科技含量有所提高，竞争能力增强。如恒源煤焦电化有限公司与中国科学院、清华大学、中国矿业大学、宝钢等进行技术合作，攻克了用侏罗纪煤生产优质铸造型焦的技术难关，填补了国内该项技术的空白。榆阳区生财农机公司自主研发出4大类32项农机产品，获实用新型专利5项。现代特色农业发展的马铃薯、玉米、小杂粮等7类农作物发展的关键技术创14项全国纪录。

二 榆林市民营中小企业发展的经验和成就

（一）依据区域优势，形成特色产业布局

榆林市南北六县具有明显的地域差异和资源差异，围绕资源优势和区域优势，各县区基本形成了自身的特色产业布局。如榆阳区基本形成了以210国道国境线为主轴线、沿线城镇和工业园区为据点并逐步向南部山区和北部风沙滩地区梯次推进的发展布局。非公经济的总体布局是市区及郊区以建筑、建材、服装加工、餐饮服务企业为主；镇川以批发零售、服装加工、交通运输企业为主；南部山区以种植、林副产品加工和建材企业为主；北部风沙滩地区以种植、养殖、煤炭、农副产品加工企业为主。靖边县按照全县地理环境、交通条件和资源分布，逐步形成了以专业园区、"中小企业带"和骨干企业为核心的发展新格局。中小企业经济带以张家畔镇为中心，西起东坑、东至杨桥畔、北至红墩界、南到镇靖呈十字状，已经形成以农副产品加工、建筑建材、商贸流通、交通运输等互相促进，多产并举的产业格局。佳县围绕主导产业——红枣产业发展起一批以红枣加工为主的中小企业，形成了王家沟农产品加工区和佳芦镇马家塥红枣加工区，成立了下设"一区七园"的佳县中小企业工业创业园区。

（二）组织形式多样，产业集群化发展

产业集群是提高企业竞争力的基本因素，"企业群落"因素支配着当今的世界经济地图。"依托产业建市场，发展市场兴产业"已被证明是一条推进区域经济发展的成功之路。榆林市采取各种组织形式实现中小产业集群化发展，推进民营企业上规模、上档次，实现产业优化升级。如府谷县以"转变发展方式，提升发展层次，发展循环经济，走新型工业化道路"为目标，大手笔规划清水川、皇甫川、庙沟门、郭家湾四大工业园区，有力推进产业向基地集中，企业向园区集中，生产要素向规模经营集中；引导400多户民营企业共同出资，组建了煤业、镁业、煤化工、煤电冶化四大民企集团，开启了民营企业集团化发展之路。以四大集团为实体，搭建起与国字号大企业合资、合作的平台，形成了民营经济发展的"府谷模式"。

（三）科学发展观统领，产业稳步升级

榆林市坚持科学发展观，对中小企业进行扶持与引导，使中小企业走"循环经济、绿色发展"的道路。中小企业紧随基地建设与时俱进，实现产业稳步升级。在落实国家和陕西省制定的关于中小企业和民营经济发展的方针政策过程中，榆林市结合实际情况制定了一系列的规章制度和实施细则，有力促进了中小企业和民营经济的发展。如《中共榆林市委 榆林市人民政府关于加快发展民营经济的实施意见》、《榆林市中小企业、非公有制经济产业发展指导意见》、《榆林市关于中小企业、非公有制经济社会化服务体系建设的意见》、《榆林市中小企业、非公有制企业实行星级挂牌管理暂行办法》等。

（四）项目抓手推动，搭建成长平台

榆林市坚持"项目为抓手，强化服务职能"，为民营企业成长创造良好的环境。如府谷县强力推行"一个项目、一名领导牵头、一个班子服务、一个部门负责、一套方案管理"的"五个一"工作机制，把项目推进和环境保障作为年度考核的重要内容，层层落实责任。在项目审批、土地征用、资金筹措、基础设施配套等方面提供全方位服务。主要领导和分管领导牵头跑项目，总储量达2.7亿吨的三个井田，经省政府批准有偿转让给府谷县民企集团，迈出了市场化为民企转化项目配置煤炭资源的第一步。

（五）中小企业集约化发展，经济社会贡献突出

民营中小企业是区域经济发展和建设社会主义新农村中最具生机和活力的群体，是繁荣市场、吸纳就业、增加农民收入、优化经济结构的主体

力量，中小企业的多少和发展水平是区域经济发展和繁荣的标志。

榆林各区县以"发展民营经济"作为富民强县（区）、推进城乡一体化建设、建设小康社会的大事来抓。加大扶持力度，强化工作措施，着力营造良好的发展环境，广泛动员全社会参与，千方百计应对金融危机，调整结构与科技创新并重，扩张总量与提升质量齐抓，大力发展优势互补、配套联动的链条产业，使民营经济总量逐年扩张，产业结构日趋优化，运行质量不断提高，呈现多轮驱动、多轨运行、多业并举的多元化经济结构新格局，使民营经济成为县域经济的主力军、农民增收的主渠道、扩大就业的蓄水池，新农村建设的排头兵、社会和谐的稳定器、城乡一体化发展的推进器。

三 民营中小企业发展遇到的主要问题

榆林市民营中小企业发展取得了巨大的成就，但是，和国内其他区域比（如鄂尔多斯、温州等）仍有很大的差距。就陕西省而言，榆林市中小企业和非公经济发展也落后于全省平均水平。榆林市民营中小企业发展还不够充分，在相关政策法规建设、管理体制建设、产业布局及融资等方面还存在诸多问题。

（一）企业融资难度大、成本高、渠道窄

在调研的县区企业中，有95%的企业认为融资是企业发展中最难克服的问题。在被调查对象中，75%的企业是通过自有资金，民间贷款，向朋友贷款等方式取得所需资金。几乎所有的企业都认为，目前的银行贷款手续繁杂，贷款过程中缺少抵押担保，抵押物要求过高。另据榆林市中小企业工作部门在6县区62户中小企业需求调查看，资金缺口在23.98亿元，通过银行业金融机构获得贷款仅为3.97亿元。造成中小企业融资困难的原因有两个方面。一是企业自身的原因。大多数中小企业和非公经济组织成立时间短、规模较小、自有资本偏少，自身的财务管理水平和社会信用关系较差，很难具备银行贷款所需要的抵押和担保条件。同时，大多数中小企业对贷款的要求具有"急、频、少、险、高"的特点，和银行的贷款原则相悖。二是外部环境原因。社会上对中小企业的认识不足，中小企业融资的法律保护和政策支持不够。各大银行商业化进程加快，借贷的门槛高，审核苛刻，不利于中小型企业发展。同时，榆林市能源资源富集，吸引了国内外大量资本竞相在榆投资兴业。但能源化工行业的迅速发展，使中小企业的生产成本、用工成本、经营费用增长明显，赢利能力降低，对中小企业的"挤出"效应明显。

（二）服务体系不健全，服务手段薄弱

民营中小企业发展需要的不仅是资源，更需要有效利用资源的能力。除了资金支持外，民营中小企业发展还迫切需要专业化、市场化、社会化的创业辅导、市场开拓、信息培训、科技支撑、管理咨询、信用评价等方面的专业服务。中国中小企业服务体系建设已经有十多年的历史了，虽然榆林市各级部门在政府引导、资金支持、重点扶持方面取得了一些成就，但是受人力、物力、财力、技术力量、地域条件、发展水平的制约，中小企业和非公经济服务体系发展的速度、服务的模式、规模与民营中小企业的发展需求比较还有较大的差距。民营中小企业在产业政策、税收政策、投资方向、市场分析、技术服务、发展动态、法律维权等方面难以及时、准确地获得相关信息与支持。政府管理和服务中对民营中小企业有歧视行为。在社会公共设施、公共财政、公共信息的分享以及土地、电力、税收、资金、担保、创业等方面都不能享受与国有企业一样的待遇，致使民营中小企业的发展面临相当大的困难。

（三）发展水平总体不高，市场竞争力不足

主要表现在中小企业数量偏少，规模偏小，设备工艺不先进，产品单一，市场竞争实力不强，企业效益不稳。在调查对象中，只有1家企业的技术水平为国际先进水平，其余的大都为国内一般水平或国内先进水平。在这些企业中，技术靠自主研发的占比30%，仿制的占比15%，其余为购买等。在榆林市近6000家中小企业中，没有一家上市企业，而毗邻的鄂尔多斯市就有五家上市企业。与沿海和发达地区相比自主研发能力较弱、信息不畅、品牌经济发展落后。

（四）企业素质整体不高，管理水平偏低

由于受传统观念的影响，很多中小企业还属于家庭式、作坊式或低层次的经营管理模式，缺乏长远的战略眼光和将企业做强的能力。中小企业普遍缺乏创新型企业家、高素质管理人才、复合型技术人才。有些虽然成立了董事会、理事会等，但运行机制不健全，未能按照现代企业制度发挥作用，导致企业体制创新、机制创新、发展壮大的动力不足。中小企业产品多表现出"四多四少"的特点，即：粗加工产品多，精加工产品少；一般性产品多，名优特产品少；低附加值产品多，高附加值产品少；内销产品多，出境产品少。

（五）产业结构不合理，区域行业分布不平衡

2008 年榆林三次产业结构比例为 5.6：67.9：26.5，2009 年三产结构比例为 5.4：66.1：28.5，2012 年榆林市三次产业结构的比例为 4.6：73.2：22.2。二产独大的局面并未改变。榆林中小企业和非公经济在三次产业中所占比重严重失衡，第二产业比重过大，且以资源开发型产业为主，第一和第三产业比重偏小，产业结构很不合理。在产业化程度上，农业产业化程度比较低，非能源化工产业及现代服务业成长比较缓慢。

在区域和行业分布上呈现出明显的失衡，南北经济发展水平差距比较大。北部六县中小企业主要是能源及其产业链企业，发展速度很快，如府谷县民营经济占到 GDP 的 60%。南部六县中小企业主要是农产品加工业，周期长、见效慢，发展速度相对缓慢。

无可否认，能源化工产业是榆林市最具优势的产业，同时，榆林市也是西部大开发确定的能源化工基地，但是相关部门也必须认识到能源化工产业虽然能增加 GDP，但是增加不了广大民众的收入，只能强市而不能富民。因此，榆林必须寻求能够富民强市的新兴产业支撑，缩小区域经济差距。

（六）发展环境建设滞后，企业成长空间狭小

中小企业是国民经济和社会发展的重要力量，促进中小企业发展是保持国民经济平稳快速发展的重要基础，是关系民生和社会稳定的重大战略任务。为鼓励和扶持中小企业发展，改善中小企业经营环境，中央出台了一系列政策措施。陕西省政府和榆林市政府也制定了一系列的规章制度和实施细则。但比较而言，各级政府出台的有关促进民营经济发展的政策法规原则性较强，可操作性不足，需要进一步出台一系列的配套措施，为企业创造更好的成长空间。

（七）资源综合利用不足，循环经济发展缓慢

榆林市中小企业和非公经济的发展主要依赖自然资源，对资源的综合利用不足，资源的丰富和开发程度决定着经济的发展水平。在能源经济领域存在两个方面的问题：一是资源开采浪费严重，有效开采率低。生产技术与装备水平低，生产工艺落后，煤炭开采基本以炮采为主，以掘代采，采掘不分，资源回收率低。二是资源品种单一，有效利用率低。大量资源

以直销为主，煤向电转化、煤电向材料转化、煤油气盐向化工产品转化开发应用进展缓慢，资源产业链短，高附加值产品少。三是工业污染防治建设滞后，资源循环利用率低。工业污染问题比较严重，与清洁生产和循环经济要求差距较大，工业废气回收利用率低，固体废弃物的资源化水平不高。

（八）管理体制不顺，职能划分不清

榆林市初步形成了中小企业促进局、乡镇企业局、非公有制经济办公室"三位一体"的管理体制，但从全市范围看，各区县体制改革进度不一。对中小企业的管理体制不顺，存在多头管理问题，出现职能重叠、职责不清、争权诿过现象，使得中小企业的困难"上不了朝，奏不成本"，一些很有发展前景的企业和产业集群，得不到正确的指导和有力的扶持。

第二节　榆林市民营中小企业发展的战略分析

一　榆林市民营中小企业发展的时代背景

当前，正值榆林市实现全面建设小康社会奋斗目标承上启下的关键时期，深入贯彻落实科学发展观、构建社会主义和谐社会的重要时期。又值深化重要领域和关键环节改革的攻坚期，更处于榆林市经济社会发展上台阶、上水平的重要战略机遇期。

（一）榆林市的经济社会背景

经过多年的快速发展，榆林市经济实力大为提升。2012 年，榆林市实现生产总值（GDP）为 2769.22 亿元，比上年增长 12%，增速超全国 4.2 个百分点，经济总量连续八年位居全省第二。第一产业增加值 125.88 亿元，增长 5.9%；第二产业增加值 2027.87 亿元，增长 13.6%；第三产业增加值 615.47 亿元，增长 8.8%。2012 年榆林市财政总收入 666 亿元，比上年增长 19.3%，其中地方财政收入 220 亿元，增长 22.1%。全市城镇居民人均可支配收入达到 24140 元，比上年增长 16.5%；农民人均纯收入达到 7681 元，比上年增长 17.8%。全年实现社会消费品零售总额 270.2 亿元，同比增长 16.3%。

在经济快速发展的同时，榆林也面对着许多挑战。包括在现行的体制政策环境中，由于央企和外来资本是化石资源开发投资的主体，而且，它们又享受着较"特殊"的政策，造成了民营经济参与严重不足、利益分配不合理、社会事业发展滞后、贫困人口较多、就业压力大、经济发展巨大利益大规模外流等一系列问题。有的问题还比较严重，引发出地方与企业、企业与居民之间的矛盾，造成了区域矛盾和城乡矛盾等一系列问题。榆林市目前不仅在发展方式上还明显处于"化石资源驱动"的发展阶段，经济增长主要依靠工业，工业增长主要或基本依赖于化石资源消耗和环境消耗，而且环境制约因素包括水资源对发展的制约更加凸显，过去有所忽略的"民富"问题也越加突出，造成巨大压力等一系列问题，促使榆林市在战略上实施较大转型，开始切实地把富民、绿色作为新的发展理念。在发展价值观上，在"以人为本"观念指导下，由只求社会型经济价值向"富民"的价值选择转变，并通过首先发展民营的中小企业力求"富民"；在经济增长方式上，由粗放型、资源开发型逐步向集约型、消费拉动型转变；在产业结构上，则由以资源型产业为主，向资源型产业和包括新兴能源产业、文化产业和第三产业等非化石资源型产业协调发展转变；在产品结构上，由资源开发型初级产品，开始向深度转化的"产业链条终端产品"转变；在市场类型上，开始由初级市场向更具活力、更加开放的现代市场转变；在社会发展模式上，从城乡二元型向城乡统筹协调型转变；在城市功能建设上，从功能缺失向聚集、辐射和服务等功能完善转变；在社会建设方面，从群众利益矛盾多发向利益关系协调转变；在政府职能上，从传统粗放型社会管理向和谐、共处、双赢转变；等等。这种战略转型，构成了榆林市民营中小企业发展的首要经济—社会背景或战略背景。

（二）后金融危机的时代背景

从全球的宏观情况看，国际金融危机对世界经济的影响广泛而深刻。目前，欧美经济虽有回暖迹象，但对中国的外向经济部分的发展仍有阻碍。世界经济局面包括产业结构、所有制结构、产品结构等，都必然发生深刻变化。俄罗斯已经实施了近年来最大的化石资源开发产业民营化。各国化石资源产地不仅面对着世界经济极大的不确定性，而且能源技术也面临革命性突破的前夜。在此氛围中，全球能源结构也正在发生巨变，核能和太阳能等新兴能源发展方兴未艾，使各国化石资源产地不能不思考能源技术革命性突破后的应对举措。

面对"后金融危机时期"的种种新情况，以化石资源开发实现了飞跃的榆林，一方面面对着产业结构、所有制结构、产品结构等转型的压力，另一方面又面对着能源技术革命性突破前夜对化石资源产地的压力，在战略上实施转型势在必行。榆林首先应当由过去主要依赖国有资金投入开发化石资源，转向同时启动民间资金，通过发展能有效"富民"的民营中小企业，在更大规模开发化石资源的同时，努力利用自己的区位优势，更大规模开发新兴能源，以适应全球能源结构大调整的趋势。同时，在发展第三产业和现代农业上狠下功夫，使榆林产业结构真正逐步优化，使榆林老百姓逐渐富裕起来，使榆林发展真正具有可持续性。

从全球看目前的中国，在欧美疲软的前提下，拉动内需，恢复增长，只靠中央追加的数万亿元投资是远远不够的。中国必须以优惠政策拉动国内外社会投资。根据国外高速增长时期的经验，在目前的中国，没有十倍于中央追加投资的社会投资，包括激活的大量国内民间资金，实现中国"保增长"的目标是非常困难的。此外，在中国实现正常发展的增长极中，除投资和内需必须有一定增长外，外贸这部分已严重受阻，弥补其缺口也主要靠增加投资，包括努力激活民间资金。所以，包括引进外资和激活民间资金在内的中国社会投资的大幅度增长，对中国是万万不可或缺的。

（三）反"梯度发展"的"音乐"背景

从全国看，作为"第一产能大市"的榆林，同时又是全国最典型的靠化石资源和大型央企"反'梯度发展'"的经济体典型之一。榆林许多经济数据，带有较浓的"畸型经济"的特征，与现代市场经济体差距不小。其中包括，当全国中小企业对 GDP 的贡献为 60% 左右时，榆林 2009 年中小企业对 GDP 的贡献只达 39.5%，只是全国平均水平的 2/3；当全国中小企业所交税款占全国税款总额的 55% 时，榆林 2009 年中小企业所交税款只占榆林企业所交税款总额的 33.9%；当鄂尔多斯市"三产"占其 GDP 的四成时，榆林 2009 年"三产"只占其 GDP 的 28.5%；等等。特别是，十多年靠化石资源消耗的高速发展，使榆林在"富民"和环保、社会发展、保障消费和创造消费、拉动需求等方面问题较多。中东、非洲某些产油国"反'梯度发展'"的弊病，如产业—企业结构单一、环境压力大、贫富差距大等，榆林也差不多都有。如何摆脱"反'梯度发展'"带来的弊病，使榆林健康地可持续发展，真正成为中国"绿色能源之都"和现代化城市，构成了榆林市民营中小企业的"国内背景音乐"。

（四）鄂尔多斯的参照背景

与榆林资源禀赋差不多但发展较快的邻居内蒙古鄂尔多斯市，一直是榆林民间评价榆林发展水平的一个主要"参照系"。鄂尔多斯市与榆林的差异之一，就是当央企在榆林投入大规模开发时，鄂尔多斯的资源开发却主要是由民营经济体或中小企业承担的。虽然后来的鄂尔多斯也有大型央企投入开发，但其民营经济发展却一直很快很稳。此外，作为少数民族地区的鄂尔多斯，享受的国家级优惠政策也比榆林多很多。两者叠加，使榆、鄂的差距越来越大。显然，榆、鄂差距形成的主因，从社会宏观经济角度看，是在启动民间资金、通过中小企业发展经济方面，榆林严重不如鄂尔多斯。通过发展榆林以民间资金为主的中小企业，缩小榆、鄂两地"民富"差距，成为榆林百姓的强烈祈愿。

（五）注目于"兴市富民"

中国99%的中小企业是民营经济体，民营企业九成以上是中小企业。在榆林目前的发展阶段中，所谓"中小企业"，主要指民营企业，它们是榆林民间资本运营的企业载体。在榆林，只有激活民间资金，发展中小企业，才能真正拉动内需，才能真正按市场规律优化资源配置，促使分配合理化，才是榆林市实现"兴市富民"的首要途径。

二　民营中小企业发展的优势与劣势

（一）优势

1. 资源优势

（1）矿产资源

榆林矿产资源总量大、类型多，组合优良，丰富，不少指标居全国前列，是中国能源产业向西部转移的一个重要基地和能源经济发展的新的增长极。无论从总量、丰度还是从可持续利用等方面来看，都称得上优势资源，对榆林中小企业发展具有很强支撑力使其更具竞争力。

榆林物华天宝，化石能源矿产资源富集一地，国内外罕见，被誉为中国的"科威特"，拥有世界级煤田、世界级天然气田、油田、盐田，能源优势明显，开采成本之低和质量之优足以令西方发达国家嫉妒。榆林市已发现8大类48种矿产，储量占到陕西矿产资源总量的90%以上。特别是煤、气、油、盐资源富集一地，组合配置好，开发潜力巨大。有世界7大煤田之一的神府煤田，全市有54%的地下含煤，约占全国储量的1/5。此外，高岭土、铝土矿、石灰岩、石英砂等矿产资源都具有重要开采价值，发展前景非常广阔。榆林矿产资源潜在价值超过 46 万亿元人民币，每平方千米的土地拥有 10 亿元的地下财富，每平方米地块平均蕴藏着 6 吨煤、140 立方米天然气、140 吨盐、115 公斤油，是 21 世纪中国的能源接续地和正在建设的国家能源重化工基地，是西气东输、西电东送、西煤东运的重要源头，最终应建成科技融入资源型的中国"能源硅谷"。

（2）农林牧副资源

随着榆林市不断加大治沙造林的力度，改善和提高全市范围沙漠地质环境的植被绿化率，由于植被覆盖率的提高，绿地、湿地等自然景观长期以来得到有效恢复，使全市生态环境得到明显改善，榆林已经是一座"塞上生态名市"，具备特色农牧产业发展的良好条件，农林牧副资源异常丰富，是杂粮、杂豆、杂果、薯类和红枣等农产品优生区，是陕西重要的畜牧业基地。榆林着力打造陕北羊子、榆林薯业、榆林红枣、大明绿豆、大漠蔬菜、三边荞麦、榆林杂粮、榆林种业、陕北杂果九大名优品牌，打造中国农畜产品名优特色产品基地。丰富的农副牧业产品可为中小企业发展提供优质的原料，成为榆林发展中小企业的坚强后盾。

2. 人脉优势

榆林是连接中原农业民族和草原游牧民族的重要地带，历史上边境地区的易货贸易活动就非常兴盛，这种传统影响着榆林民营经济的发展。此外，榆林相对贫瘠，人们生存压力大。要生存好，就必须付出很大代价。正因如此，才培养了榆林人自强向上的奋斗精神，奋斗不息的拼搏精神，勇于开拓的创新精神。这些精神，为榆林中小企业的持续发展注入了精神力量。

陕北是中国的革命圣地，其宝贵的精神财富——自力更生、艰苦奋斗的延安精神，是榆林发展的红色推力。

抗日战争、解放战争期间，从榆林走出去了无数的英雄好汉，他们至今已分布在祖国各地，成为榆林不可多得的人脉资源，是榆林中小企业发展的重要资源之一。

3. 后发优势

榆林中小企业发展起步较晚，但发展晚可以吸取其他地方的经验教训，通过向发达地区学习、借鉴、观察，可以较低的代价掌握到发达地区经过艰难探索而获得的知识、经验、管理方法和体制、引资政策等，就能少走弯路，后来居上。如果能抓住机遇、转变观念、加速改革和创新步伐，坚持"高起点、高立意、高水平"的原则，营造精品，就有可能缩短差距，实现跨越式发展，节约宝贵的资金和时间，这种后发优势在榆林中小企业发展过程中将逐渐显现。

4. 民间资本雄厚

据估计，目前约为 2000 亿元，比较雄厚。

（二）劣势

1. 结构性矛盾突出

榆林产业结构和企业结构失衡，矛盾突出，成为制约中小企业发展的一个重要因素。民营中小企业在第二产业的比重过大，以资源开发性产业为主，第一产业和第三产业的比重偏小。传统产业的比重偏高，产业份额中仍以能源原材料加工业为主体。农业产业化程度较低，新兴产业、技术密集型产业以及现代服务业增长缓慢。

2. 资金瓶颈突出

榆林市中小企业在发展过程中，资金问题尤为突出。融资难、担保难、贷款难，已成为制约榆林市中小企业生产与发展的"瓶颈"。

榆林市在支持中小企业发展资金方面，国有和地方商业银行积极贯彻落实国家政策，不断加大信贷支持力度，政府也在探索特色模式，提供金融服务，相对缓解了部分中小企业资金紧张状况，但与中小企业对资金的真正需求相比还有相当大的差距。据调查，当前中小企业中真正不缺乏资金的仅占 12% 左右，资金紧张的占 80% 左右，其中资金特别紧张的占20% 左右。中小企业大都资金较少，而且自身积累缓慢，依靠自身积累无法满足企业发展，很不稳定。由于中小企业信用记录缺乏，资产有限，可抵押物少，加之银行"惜贷"，贷款十分困难。民间融资成本高、不规范、风险大，中小企业担保难、融资难。在政府资金支持上，由于中小企业多，真正能够争取到政府资金支持的企业十分有限。当中小企业进行生产和扩大规模，特别是市场经济瞬息万变之时，企业针对市场的需求，及时调整对策，使产品更新换代，如果此时得不到金融部门的支持，就会造成许多中小企业失去良好的发展机遇，有些只能半途而废，自生自灭。

3. 环境瓶颈效应逐渐显现

榆林地处毛乌素沙漠向黄土高原过渡地带，黄河和长城的交会处，是农牧交错区，生态环境异常脆弱，近年来，随着资源开发，环境破坏严重，环境治理问题欠账太多，历史遗留包袱沉重。2010年7月7日，在榆林市召开的榆林市油气开发区环境污染整治工作会议上赵勇局长就指出，随着榆林市资源开发的深入，环境形势空前严峻，环境压力空前巨大。

榆林市过去在煤炭、石油资源开发中导致的环境问题比较突出：一是地表沉降、开裂、塌陷等地质灾害突出。二是不合理开采方式使水资源环境遭到破坏。三是焦化厂、电石厂、硅铁厂排放的黑烟、粉尘污染严重，引起了一系列的生态问题。全市大小湖泊由869个减少到79个，仅神木县境内已有数十条河流断流，20多条小溪干涸。红碱淖近6年来水位下降了3米，水面缩小了1/3。四是地方小煤矿普遍存在污染防治设施缺乏、煤粉尘污染严重的问题。在榆林调研得知，一些地方出现了采空区、无人村。有些农民祖祖辈辈生活的地方，以往他们只要在院子里面打一眼七八米深的水井就能出现水，现在突然开始变得没水了，一些村子房屋也在出现裂缝。

因此，榆林环境问题也将成为制约中小企业可持续发展的一个非常重要的因素。尤其是近年来，随着榆林市资源开发的深入，环境形势空前严峻，环境压力空前巨大。在煤炭、石油资源开发中导致的环境问题比较突出，环境问题将成为榆林中小企业可持续发展的一个非常重要的劣势因素。

4. 城市基础建设整体水平较为落后

尽管榆林市近些年来对城市基础建设的投资力度不断加大，但地域不均，基础建设力度尚显不足，这些会严重制约榆林经济的发展和中小企业的发展。

5. 区域发展不平衡，南北各县经济发展不协调

榆林按资源禀赋、自然地理条件，12个县区可分为南北两部分。榆林的北六县资源富庶，包括神木、靖边、定边等县以煤炭、石油、天然气为主；南六县包括吴堡、绥德、米脂等资源较为匮乏。随着资源的大开发，近年来，神木、府谷、定边、靖边、横山、榆阳北部六县区的经济飞速发展，而资源相对匮乏的绥德、米脂、清涧等南部六县的经济发展较北部县区明显滞后，南北区域经济发展不协调，已成为影响榆林实现跨越发展"三大失衡"之一。为了解决这个问题，榆林坚持扶南、振南工作，并取得了巨大成效，但是直到2009年南六县地方财政收入仅占全市的

1.6%，农民纯收入比例为1:1.54。区域发展失衡问题仍旧是制约榆林市南六县中小企业发展的一个重要因素。

榆林市是典型的以能源开发为支撑的重工业经济，投资布局高度集中，出现了工业化快速推进，而城乡二元特征加剧的问题。城乡居民收入之比为3.6:1，大大超过3:1的警戒线。城乡经济结构"一头轻、一头重"，发展严重失衡。2008年底，榆林市城镇化水平为39%，低于全国平均水平近5个百分点，比全省城镇化平均水平也要低出近2个百分点。榆林市二元结构矛盾突出，城镇化水平低，使许多地区没有形成产业优势，辐射带动能力较弱，难以产生集聚效应，制约了中小企业的快速发展。

6. 人才短缺

榆林地处偏远，高等教育、职业教育发展滞后，高级技术、高级管理人才严重不足。诸如此类的人才问题在榆林一直都没有得到有效解决。技术难、融资难、企业管理难是榆林市中小企业发展的三大瓶颈问题。其中技术难、企业管理难两大难题都和人才匮乏有着直接关系。人才是中小企业的关键性资源，是中小企业的生命。中小企业的生存与发展，备受人才问题的困扰。在对榆林中小企业调研时，发现人才问题一直是中小企业做不长、长不大的主要原因之一，中小企业要成长壮大，必须解决人才问题。

榆林民营中小企业在起步阶段，在家族式经营阶段，对人才的需求量不大，对人才的质量要求不高，但是，当企业步入快速发展阶段，企业的业务量增大，自身规模和管理机构不断膨胀，企业在人才的质量和结构上的要求越来越高，对人才的需求量也不断增大。而在榆林人才市场，高素质的技术人员、管理人员成为稀缺资源，很难找到、聘到。高级技术人员、高级管理人才匮乏，使得高精尖技术难以得到应用，使得高层管理不到位，严重制约着榆林中小企业做大做强。

三　榆林市民营中小企业发展机遇和挑战

（一）机遇

1. 国家经济体制的逐步改革完善和政策环境健全优化

《中华人民共和国宪法》明确规定，"国家鼓励、支持和引导非公有制经济的发展"；党的十六届三中全会作出了鼓励、支持和引导非公有制经济发展的决策，并将非公有制经济定位为"促进我国社会生产力发展的重要力量"，为非公有制经济发展营造了良好的环境，提供了重要的政策依据；国发 13 号文件等国家文件为中小企业的发展开辟了很多新的领域。

2. 西部大开发、能源输出等政策和体制优势

在西部大开发、国家能源产业布局过程中，榆林将逐渐凸显其中心地位，并将对这一区域经济社会发展发挥重要作用。同时，中国东部产业向西部的梯度转移带来的机遇，有利于榆林市中小企业的调整和协调发展。按照新型工业化的要求和"工业强市"的方针，全市中小企业将得到快速发展，工业园区、产业集群的聚集作用会越来越明显。此外，城乡基础设施的改善也将有利于中小企业的健康稳步发展。

3. 区域间产业转移带来新的契机

入世后国际产业加速向中国转移，东部产业加速向西部转移。在未来几年内，在国内分工中，榆林市凭借其资源、地缘的明显优势，在中小企业发展方面有相当潜力。

4. 国内经济快速增长对能源原材料的需求急剧增加

国家将加速发展重化工业，为榆林整个经济发展带来前所未有的机遇，也将促进榆林中小企业的发展。国家加快煤炭基地和西电东送等重要电源电网建设有利于榆林中小企业的发展。

（二）挑战

1. 国内外市场需求不稳，贸易环境差

中国的民营企业普遍面临着国外市场需求不稳定、对外贸易环境恶化的问题。受 2008 年美国次贷危机的影响，当前整个国际市场需求普遍萎缩，欧洲和美国市场的萎缩幅度更大，其国民的消费信心不足，明显直接影响了中国劳动密集型产品的出口。国内市场也由于种种原因出现萎缩，当前的市场环境整体处于疲软的状态。

在国内外市场需求萎缩的情况下，对外贸易条件进一步恶化。首先，因为世界消费需求萎缩，很多国家纷纷出台各种贸易保护措施，限制他国产品在本国的销售，以保护本国企业产品销售市场。其次，对外贸易面临着货币贬值的压力。中国产品出口的地区主要是欧盟和美国。由于美元、欧元的不断贬值，直接削弱了中国出口产品的竞争优势，出口结算货币的贬值更直接增加了民营企业的货币兑换风险。

2. 资本市场发育不成熟，体制问题突出

当前，民营中小企业融资的主要渠道还是银行贷款，但是多数民营中小企业由于规模小、抗风险能力低等问题，很难获得贷款融资。国内资本市场发育不成熟，加大了中小企业获取市场要素的难度。体制改革滞后，建立公平、高效的中小企业服务平台尚不能在短期内实现。

3. 自身素质，竞争能力尚需提高

民营中小企业通常是由家族中的一个人或几个人艰苦创业发展而来的，存在家族式治理思想、非正式利益集团和企业文化非契约化等问题，其自身素质的提高、竞争能力的增强尚需时日。尤其是中小企业整体素质不高、企业核心竞争能力不强，在短期内难以得到根本性改变。

4. 周边地域、资源等相近城市的竞争

榆林市与内蒙古鄂尔多斯市、山西太原市、宁夏银川市相距较近，特别是榆林市和鄂尔多斯市在自然条件、资源条件、经济发展方面有较多的相似性，两市在资源、资金、人才等方面有较强的竞争性，榆林市在《榆林市城市总体规划（2006—2020）》中提出，要形成由古城区（城市历史文化休闲区）、西沙区（城市商务金融、市级行政教育中心）、铁西区（能源化工基地研发区、生活服务区、物流区、产业加工区）为一体的陕甘宁蒙晋接壤区的百万人口（区域）中心城市的情况下，内蒙古呼和浩特、包头、鄂尔多斯金三角地区的人均 GDP 已经突破 1 万美元，鄂尔多斯市亦想成为区域中心城市，所以两市竞争将大于合作，这对于榆林市来说颇具挑战性。2008 年，榆林市以 1010 亿元的经济总量，列全国 88 位，鄂尔多斯市以 1560 亿元的经济总量，列全国 57 位，是榆林市的 1.5 倍还多。

因此，榆林周边地域资源相近省域城市，如内蒙古的鄂尔多斯等地现存的中小企业，有些运作的时间较长，消费者心理图谱区位明显，对榆林中小企业发展具有较大的威胁。另外周边拟建的或在建的中小企业也会成为其重要的竞争对手。

第三章　榆林市民营中小企业发展的国内外经验借鉴

第一节　榆林市民营中小企业发展的国外经验借鉴

无论从经济角度，还是从社会角度，中小企业的发展都具有极为重要的作用。中小企业的蓬勃发展，不仅有利于增强整个国民经济的竞争力，而且也有利于整个社会的稳定。从全球范围来看，美国、日本、德国等国家在解决中小型企业发展中的若干问题方面，做出了有益的探索，通过各项规章制度的制定及管理指导机构的设立，充分发挥政府的作用，以市场为导向，收到了很好的效果。国内学者用大量的篇幅介绍了国外中小型企业发展的经验，这其中，孙宁红等（2005）、朱桂方（2006）、付曾祠（2009）、孙象平（2011）均进行了详尽的介绍。本书即借鉴各位学者的研究成果，首先对国外政府发展中小企业的经验进行介绍，然后着重对美国、日本、德国等国家在中小型企业发展与科技创新、融资等方面的经验借鉴阐述如下。

一　国外政府发展中小企业的经验介绍①

市场经济中的中小企业是大企业的发源地，中小企业的发展使市场出现大公司成为可能。从世界范围看：各国政府均采取了一系列卓有成效的措施来支持中小企业的发展，归纳起来，包括以下四个方面：

---

① 朱桂方：《从发达国家政府发展中小企业经验看我国民营企业的发展》，《商场现代化》2006 年第 34 期。

（一）制定法律法规，为企业的发展提供法律保障

将法律法规作为制定政策的依据，以明确中小企业的地位，维护中小企业的安全与权益，促进其正常发展，是世界各国支持和保护中小企业通行的做法。例如，美国制定了《企业法》（1953）、《机会均等法》和《企业技术创新开发法》（1982），这些法律明确提出政府应尽可能地帮助、支持和保护中小企业参与自由竞争的利益，这些法律制度的提出和进一步完善为美国中小企业的发展创造了公平的竞争环境。韩国政府于1996年12月颁布《小企业合作法》旨在帮助中小企业在组织上和经济资源上联合。综上所述不难看出，各国中小企业立法始终贯穿着保护和扶持弱者的思想，确保自由竞争的市场环境是民营企业立法的重点与核心。

（二）设立政府专门管理机构，强化对企业的宏观管理和服务

鉴于中小企业在国民经济中无可替代的战略地位，为避免中小企业发展中的过分松散、无序竞争现象，以规范其经营行为，引导它们健康有序发展，各国基本上都设立了专门的中小企业管理与扶持机构。例如，加拿大在联邦政府与各省市政府都设立了专门的中小企业管理机构，各级管理机构在负责中小企业管理事务上职能虽有所不同，但基本的职能只有一个，就是加强对中小企业发展计划的指导，为中小企业献计献策。意大利政府设立管理中小企业的专门机构的主要职能就是研究中小企业发展问题，向各级政府反映中小企业的意见与要求，举办经营管理培训活动，为中小企业提供信息和培训技术人才等。日本在通产省设置了中小企业厅。法国以税务委托管理中心的机构来协助中小企业进行管理。西班牙是在行政上设立从属于经济财政部的专门机构。这些措施都极大地促进了各国中小企业的发展。

（三）加强对企业的财政、金融支持

国外政府加强对中小企业的财政、金融支持主要体现在以下三方面：一是政府为中小企业提供贷款担保。英国政府规定，金融机构对中小企业贷款的80%由政府担保。二是政府为中小企业提供融资渠道和融资服务。例如：韩国政府设立了帮助信用水平低的中小企业获取贷款的融资阻碍报告中心，提供中小企业与银行双向沟通的渠道，政府还为无法提供贷款担保的中小企业提供信用担保基金。三是实行税收优惠政策。不公平的税收是影响中小企业发展的重要因素之一，实行税收优惠政策，使中小企业留下了更多的税后资金，既可减轻融资困难，也有利于激发个人和公司

对中小企业投资，从而有力地扶持了中小企业的发展。

（四）支持企业技术开发与创新

中小企业技术创新的驱动机制更为有效，创新要求更为迫切。而现代高科技尤其是信息技术的发展，大大缩短了小企业与大企业间信息差距，快速地获取信息能力使中小企业技术创新能力更为增强。因此，许多国家都把技术开发与创新看成是中小企业发展的生命线，政府建立了强有力的技术创新支持体系。例如，日本建立了地方性技术开发机构"工业试验场"以及研究实验中心网，将小企业技术开发依托于这些机构。这些机构也就成为许多中小企业的技术开发实体，为企业技术开发推荐新技术、新产品，培养技术人员以及提供技术情报咨询等。美国中小企业管理局认为，中小企业除应拥有资本外，还必须懂技术，因而狠下功夫为中小企业提供科技方面的咨询培训。中小企业管理局在全国各地统筹组建了一大批中小企业发展中心，这些发展中心大部分设在大专院校内，为中小企业提供较强的专业性和学术性帮助，也提供科技和商业咨询，加快了中小企业的技术创新与开发。

二　国外中小企业发展与科技创新成功经验①

早在 21 世纪初，西方经济发达国家的经济学家们就开始对中小企业发展与科技创新战略问题进行研究，并形成了一定的理论，指导了各国中小企业发展与科技创新。如德国、美国与日本就取得了相当好的成就。

（一）美国中小企业发展与科技创新成功的经验

美国鼓励中小企业的技术创新、扶持中小企业出口的做法表现在以下几个方面。

1. 鼓励和扶持中小企业的技术创新，不断提升中小企业产品的国际竞争力。企业的技术水平和技术创新能力，决定企业产品质量的高低和新产品开发的多寡，而这又决定了企业产品的竞争力。美国为了提高本国产业和产品在国际市场的竞争力，不仅政府本身增加科研投入，而且支持企业的科研开发，尤其鼓励中小企业的科研开发和技术创新。其措施通常有：（1）以立法形式保证向中小企业提供科研经费。根据《中小企业创

_____

① 参考孙宁红、何浣英《国外中小企业发展与科技创新的经验及对南京的借鉴》，《南京社会科学》2005 年第 S1 期。

新发展法》，美国国会于 1982 年建立了中小企业创新发展计划，规定凡是承担了外部门 1 亿美元以上研究开发费用的政府机构，必须按一定比例向该计划拨出经费，用于中小企业的研究开发。自 1983 年起，创新发展计划每年至少要因此获得近 40 亿美元的经费。（2）向中小企业输出技术。在克林顿政府旨在振兴美国经济的一揽子政策中，就提出了要建立数十个制造技术扩展中心，以在中小企业间扩展技术知识和新的制造技术。（3）提供税收优惠。如对向新工厂新设备投资的中小企业提供用于研究与开发的长期税款减免，对高科技中小企业减免税收等。美国政府的支持提高了中小企业科研开发的积极性和能力，科研成果斐然。自 20 世纪初到 70 年代，美国科技发展项目的一半以上是由中小企业完成的。80 年代以来，大约 70% 的技术创新项目是中小企业所为。据美国中小企业管理局一项调查表明，中小企业的产品创新占所有制造业产品创新的 50%，中小企业员工的技术革新成果比大企业要高 1 倍以上。技术创新能力的上升，从产品质量和生产成本上，极大地提高了美国中小企业产品的国际竞争力，中小企业的技术出口量也相当大。美国是新产品开发最多的国家，美国产品的技术水平总是处于世界领先地位，其中中小企业的贡献功不可没。

2. 指导中小企业的出口业务，提高中小企业的出口业务水平和能力。美国对中小企业出口业务的指导表现在两个方面，一是提供贸易信息，二是指导出口实务。为了创造更多的出口机会，扩大中小企业的出口，美国有关官方和非官方机构都有责任向中小企业提供出口贸易信息。如商务部建立了贸易数据库，库中存有 228 个国家和地区的 117 个行业的信息资料，中小企业可以在该部的 73 个地区办事处和公共图书馆任意免费调用。中小企业基金会设立了出口机会热线，向中小企业提供诸如政府推动出口的计划，如何获得资金支持以及各国的法律和产品标准的咨询及服务。出口经营公司和出口贸易公司作为中小企业的代理人或推销商，帮助中小企业寻找国外客户和在海外试销产品的途径。出口实务方面的指导有，商务部设立电话热线，由专家解答中小企业出口中的疑问，指导怎样处理出口中遇到的问题，甚至向中小企业派出谙熟贸易业务的专家。出口经营公司和出口贸易公司为中小企业建立国外销售网，还帮助中小企业处理报价、装船、保险等贸易实务。中小企业管理局在中小企业集中的地区设立服务中心，帮助中小企业寻找出口项目，制订出口计划，评估出口可行性，帮助申请出口信贷等。又如近年建立的出口援助中心（EAC）对中小企业出口提供融资等方面的服务。

3. 为中小企业出口提供信贷的信贷担保，解决中小企业遇到的出口资金困难，鼓励其出口。出口信贷和出口信贷担保是世界各国鼓励出口的重要措施，而美国在运用这些措施促进中小企业出口时，给予了特别的优惠。中小企业管理局设立了专门的"中小企业出口流动资本项目"，为商业银行向中小企业提供短期出口信贷进行担保。联邦政府的进出口银行不仅积极向中小企业提供出口信贷，还提供出口信贷担保，对刚刚从事出口或出口额低于 200 万美元的中小企业更是提供两种特别优惠的短期保险，一旦国外出口商因商业理由未能付款，进出口银行将偿还 95% 的货款，如因政治原因延误付款，该行承担全部责任，偿还全部货款。为了更好地发挥这些鼓励中小企业出口措施的作用，近年来，美国统一了进出口银行和中小企业管理局的流动资本项目，把进出口银行的最高保险数额从 200 万美元提高到 300 万美元。90 年代以来，中小企业管理局和进出口银行为支持中小企业出口而提供的贷款数额呈递增趋势，1994 年比 1991 年翻了一番，达到 2.53 亿美元。

4. 实行出口产业的倾斜政策，促进高技术型中小企业的出口。自克林顿执政以来，实行了某种程度的出口产业倾斜政策，选择和确定了一些具有国际竞争优势的高技术产业，政府给予支持和扶助，以确保美国在未来高技术产业竞争中的国际领先地位，扩大这些产业产品的出口量。1993年推出的"国家出口战略"，就把半导体、电脑、通信、环境保护、咨询软件工业及服务业等高科技产业和知识密集型产业确定为 6 大重点出口产业。为此，美国政府制订了相关的产业发展计划。在《国家基础设施：行动计划》，即信息高速公路计划中，把以信息产业为基础的信息高速公路建设作为优先项目发展，其目标是在十几年内，建成覆盖美国的信息高速公路，它将全美的企业、大学研究机构、政府部门和私人住宅联系起来，使各方面能以最快的速度分享彼此的科研成果，促使科研发明尽快由实验室走向市场，转化为现实的商品和劳务。克林顿政府还在《技术：经济增长的发动机》计划中优先把生物技术、新能源、特种材料等 10 个高技术部门作为重点领域加以扶持。美国的这种支持高技术产业的政策，有利于中小企业出口的发展。美国的技术公司在起步阶段通常都是中小企业，如著名的微软公司，在 1975 年创办时只有 900 美元资本。实际上美国高技术型企业的主体是中小企业。据中小企业管理局 1995 年公布的资料，美国所有高技术企业中，雇员少于 20 人的有 40356 家，占 70%，雇员在 20—500 人的有 13194 家，占 23%，500 人以上的仅 3787 家，占 7%。90 年代以来美国实行出口产业倾斜政策，推动了高技术型中小企业出口的发展。当今美国的出口商品中，40% 以上是计算机、半导体、通信等高科技高附加值产品。

5. 有专门扶持中小企业出口的相关机构。美国不仅制定了各种扶持中小企业出口的政策措施，还成立了相关机构来实施这些扶持政策，如中小企业管理局及其附属机构，中小企业基金会，出口援助中心，进出口银行，商务部的下属部门等。

（二）日本中小企业发展与科技创新成功的经验

日本是西方经济发达国家中最早注重中小企业在国家经济运行中发挥作用的国家之一，因而也是政府制定扶持中小企业政策措施比较完善的国家之一。早在 1948 年日本就制定了《中小企业厅设置法》，并根据此法于同年在通商产业省设置了"中小企业厅"，作为政府的一个永久性机构履行保护和扶持中小企业发展的职能。为了帮助中小企业改善经营管理落后状况，解决资金不足问题，防止过度竞争和不公平交易对中小企业可能造成的危害，给中小企业寻求生存发展的空间，扶持经济相对落后地区中小企业发展，以及鼓励中小企业开发制造知识密集型产品等，日本政府从 1949 年开始高频率地制定颁发了一系列有关支持中小企业发展的政策法规和措施。这些政策措施包括：1949 年颁发的《中小企业协同组合法》和同年成立的国民金融公库；1950 年颁发的《防止不正当竞争法》和《中小企业信用保险制度》；1953 年的永久性法律《中小企业稳定法》及同年设立的中小企业信用保险协会和中小企业金融公库；1956 年颁布的《中小企业振兴资金助成法》和《防止延期支付承包费用法》；1958 年制定的《中小企业信用保险公库法》；1960 年制定的《中小企业行业振兴临时措施法》；1963 年制定的《中小企业基本法》。1973—1974 年间修改和推出的《中小企业现代化促进法》和《传统工艺品产业振兴法》；1976年颁布的《中小企业转换事业临时措施法》；1977 年制定的《中小企业经营领域调整法》和《防止中小企业倒闭破产法》；1978 年制定的《特别不景气地区中小企业对策临时措施法》等。从以上可以看出，在战后的几十年中，日本政府为了有效扶持中小企业的发展，连续不断地制定了一系列政策措施,这不仅为世界各国少有,也确实推进了本国中小企业的发展。需要指出的是,1963 年颁布的《中小企业基本法》是日本政府扶持中小企业发展的一个重要标志,它的颁布使中小企业的发展有了一个基础性法规。

(三)德国中小企业发展与科技创新成功的经验

1. 开拓市场营销,走向世界市场。由于规模较小,所以中小企业在规模上不占优势。为避免与大企业发生正面冲突,德国中小企业通常将自己的资源集中于一个非常狭窄的市场缝隙中,从事专业化生产。然后,力争在那些特定的市场缝隙中坐上头一把交椅,从生产角度讲,它不分散自己的力量,然而在销售方面,它们四面出击,开展国际化营销,它们认为,只有市场营销国际化,才能使企业有赖以生存的空间。德国中小企业市场营销国际化过程开始于 20 世纪 50 年代。时至今日,那些成功的中小企业平均每家拥有 9.6 个国外分支机构。与世界其他国家同样规模的企业相比,这个数字是非常大的。在国外市场建立自己的分支机构(一般是销售和服务机构),这是德国中小企业的特色。德国成功的中小企业 90%以上在美国市场上有自己的分支机构,一半以上在日本建立了自己的全国性服务网络。这种现象在其他国家的中小企业中是没有的。

2. 加快企业技术改造步伐,走以科技进步为核心的内涵发展集约经营的道路。实行科技兴业在德国已经是大多数中小企业成功的关键。为了增加中小企业的技术水准,德国教科研技部设立了"小型企业参与基金",每年提供约 6 亿马克(约占科研促进总额的 36%)促进中小企业实施技术革新计划,特别鼓励中小企业在加工技术、信息技术、材料研究、激光技术、生物技术和环保技术等领域进行研究和开发新产品,并为此提供优惠贷款。鼓励中小企业与科研机构进行科研合作和技术转让,如向中小企业提供科研人员或企业派人到科研机构从事科研,并为此提供科研津贴。联邦政府还为中小企业改善环境项目,如污水处理、空气净化、垃圾处理和节能等提供优惠贷款。德国各州也通过技术咨询、推荐科技人员、提供科研津贴等促进中小企业的技术革新。为了保持优质,中小企业拥有超过一般水准、由职工创造的尖端技术成果,这些高新技术辅以服务客户精心琢磨的售后服务方案,往往是中小企业成功的关键所在。技术上的领先为中小企业的优质产品提供了保证。人均专利的拥有量一直是德国中小企业的优势,如 Ficsche 工厂从事紧固技术、结构建筑构件系统的生产。

人均拥有的专利数目达每百名职工 239 项。

3. 拼搏进取，敢于创业求新。德国中小企业多为家庭式经营，一向具有很强的敬业精神和良好的"声望"，其企业在历史上富有传统的自强、自立、冒险和奋进精神，使德国获得"创业之国"的美称。中小企业是德国这个创业者之国的天之骄子。这些不声不响的获胜者，诀窍常常简单得令人惊讶："敢于创业，在世界市场上处于领先地位。"例如，和来公司（HOHNER）生产口琴和手风琴，占世界市场份额的 85%，阿诺尔德和里希特公司生产的 35 毫米电影摄影机，占世界市场份额的 70%，梅乐克林公司生产的模型火车，占世界市场份额的 55%。而只有 10 名职工的卡乐·耶格乐公司，生产的香柱、香棒占世界市场份额的 70%。它们以灵活的经营策略和见缝插针的竞争力克服经济萧条的压力，这是有活力的中小企业的标志。有自信心的中小企业家的一句口号叫作"不是大的打败小的"，而是"快的打败慢的"。当别人在经济萧条中坐等良机时，中小企业已经作出了投资决策。据统计，德国每年建立的新企业大约有45 万家，关闭大约 34 万家，有 11 万余家企业在竞争中扎下了根，其中大部分是中小企业。在更新换代的德国中小企业中，已经扎根的中小企业比以往更年轻化、专业化，大多是行家里手，它们较为开放，较少抠框框，肯动脑筋，具有现代技术和管理经验。它们比过去更积极参与国际市场活动，千方百计占取国际市场份额。

4. 强化教育培训，提高人员素质。德国的教育制度（包括正规教育制度和非正规教育制度）对青年就业者提出了严格要求，它不仅要求就业者接受正规学校的教育训练，而且还要求就业者接受专门职业教育培训，否则，就很难找到就业岗位。学历（包括职业教育培训的经历）越高的人越容易找到好的工作（如经营管理、研究开发、教学咨询等），获取高的收入，否则，不仅收入较低而且找工作都很困难。德国中小企业着力于增强在国际市场的竞争力、适应性和快速反应，以跟上瞬息万变的国内外经济形势与产品结构的变化。德国中小企业更为重视经理与职工的素质和对经理、职工的再培训、再教育，德国积极支持中小企业参与经济、技术、财政和企业管理等方面的职业培训，并为此提供补贴。为鼓励中小企业参加职业培训，以适应迅速变化的经济形势，提高企业竞争力，德国政府对中小企业，特别是新成立的中小企业的领导参加职业培训和各种讲座提供高补贴。

5. 发展中小企业的政策措施得当。国家是中小企业政策的制定者，联合会和协会是中小企业的最重要的服务机构。第一，中小企业政策在德国极受重视。联邦政府不久前提出了专门为中小企业释放新的增长力的投资和工作岗位的行动纲领。联邦和各州提出了扶持中小企业大约 600 项措施，同时还制定了财政金融政策：一般性财政援助、适度发放贷款、改善地区经济结构补贴、改善环境优惠政策、职业教育资助贷款、促进咨询补贴、新建企业资助等。这些分别由政府有关部门和银行、信贷机构专门负责直接兑现。德国政府还通过制定《反对限制竞争法》，建立执法机构等，为中小企业自由发展创造公平条件，增强中小企业与大企业竞争的能力。第二，支持中小企业到国外参展。联邦政府认为，到国外参展是扩大企业影响和产品出口的重要渠道。由于中小企业到国外参展，从人员、经验到经费都有一定的困难，联邦政府采取了一系列促进措施：提供信息和咨询服务；联邦经济部和德经济展览委员会合作组织企业到国外参展；德驻外使团为参展企业做协助工作；给新联邦州和参展企业提供补贴。德企业到国外参加欧盟联合展览，还可向欧盟申请补贴。德各州也积极促进中小企业到国外参展。第三，促进中小企业产品出口。德国是世界第二大出口国，1/3 的工作岗位直接或间接依赖于出口，中小企业在德出口经济中的作用十分重要。联邦政府和各州政府积极支持中小企业出口，采取的措施有：改善出口咨询服务，并为中小企业的出口咨询提供补贴；为中小企业提供优惠的短期和中长期出口信贷以及出口信贷担保。

三　国外中小企业融资成功经验[①]

（一）美国的中小企业进行融资主要有以下几种方式：

1. 直接融资。美国证券交易市场比较发达，有完善的主板、二板、三板市场和场外交易市场，使得不同规模企业都能利用证券交易市场进行直接融资。许多名不见经传的中小企业就是通过纳斯达克市场获得足够的资金以后迅速发展，成为全球著名的大公司。

2. 融资担保。美国有专门的中小企业管理局（SBA）为银行向中小企业发放贷款提供担保，其担保方式主要有四种：一是一般贷款担保。二是快速简易贷款担保。三是为少数民族或妇女创办的企业贷款担保。四

[①]　孙象平：《东营市中小企业融资难问题研究》，中国石油大学硕士论文，2011 年。

是为外贸企业提供担保。

3. 政府资助。美国对中小企业有完善的政府资助体系，从联邦政府至州政府，其资助的对象主要包括：一是创新能力较强的高新技术产业中小企业；二是对中小企业研发创新活动；三是因自然灾害处于困境的中小企业。

4. 风险投资。美国风险投资也比较发达，孕育了像黑石、红杉等全球知名的风险投资机构。此外，美国中小企业管理局还设有专门的中小企业投资公司，向那些处于银行信贷门槛之外的中小企业通过购买中小企业公司的证券或提供低息贷款等方式提供资金。

（二）日本中小企业融资实践

日本与英美等西方国家中小企业资金主要来源于直接融资不同，在日本，中小企业资金主要来源于银行贷款。日本为了改善中小企业融资环境，推动中小企业发展，其采取的措施主要包括：

1. 政府政策性贷款。日本政府会为符合产业发展战略的中小企业直接提供政策性贷款。

2. 设立专门服务于中小企业的金融机构。日本政府先后成立了中小企业金融公库、国民生活金融公库、商工组合中央金库三家金融机构专门为中小企业融资服务。其中：中小企业金融公库资金主要来源于初始资本金及盈余积累、政府借款、发行债券，资金主要应用于为处于银行信贷门槛之外的中小企业的资本支出提供信贷支持；国民生活金融公库的资金主要来源于自有资本金及盈余积累、政府借款，资金主要应用于为中小企业提供小额贷款；商工组合中央金库由政府和中小企业共同出资兴办，主要为出资企业和成员企业提供贷款。

3. 完善中小企业信用保险体系。在日本，许多中小企业由于无法提供担保而无法从银行获得贷款，针对该问题，日本制定了信用保证协会制度，成立专门的信用保证协会为中小企业贷款提供担保。此外，还出资成立了中小企业信用保险公库，一方面办理中小企业信用保险业务，另一方面为信用保证协会提供贷款。

4. 风险资本。与美国的风险投资由政府出资不同，日本的风险投资主要来源于民间资本。为配合 20 世纪 70 年代起日本实施的中小企业现代化政策，日本政府采取一系列措施鼓励民间资本积极为高科技中小企业进行风险投资。

（三）德国中小企业融资实践

1. 政府的扶持政策。针对普通银行对中小企业融资数额有限的情况，德国政府制定了专门的扶持政策，主要是给予中小企业优惠的财政、税收政策。

2. 为中小企业发展提供全方位支持。一方面对现有中小企业提供投资，而这类投资通常是企业无法从银行贷款获得的资金，政府财政援助的形式主要有贷款、担保、补助以及补贴等；另一方面为创业者提供全方位服务，不仅仅是资金支持，还包括创办新企业所需的各种手续以及咨询和顾问服务。

3. 组建专门的金融机构。德国政府先后出资兴办了储蓄银行和合作银行以对中小企业发展提供资金支持。中小企业因自身实力有限或因无法提供足够担保，从而无法从金融机构获得足够的资金支持。政府鼓励金融机构开办地方性的风险资本基金和产权投资公司，这些银行既为中小企业提供资金支持，也为投资公司筹集私人资金，为中小企业融资提供支持。

第二节　民营中小企业发展的国内经验借鉴

一　浙江民营中小企业发展经验[①]

（一）基本情况

浙江是中小企业大省，民营经济占浙江省出口比重高达 59.6%，比全国高 27 个百分点。改革开放 30 多年来，以民营经济为主体的浙江中小企业迅速发展，蒸蒸日上，在推动经济发展、繁荣内外市场、提供劳动就业、扩大对外贸易、促进企业改革创新等方面都起着越来越重要的作用。从 2008 年金融危机以来，全国大部分企业都经历着流动资金短缺，利润下滑的困境，特别是中小企业，它们面对的压力更大，但是浙江中小企业较快地从困境中走了出来。截至 2012 年底，浙江省工商局提供的数据显示，浙江全省共有各类市场主体 350 万户，其中个体工商户 255 万户，民营企业 78 万户，民营企业总量同比增长 8%，占内资企业比重达 87%，浙江民营企业企稳，逐渐向好的方面发展。浙江中小企业除了有利的外部

---

① 刘鑫、杨亚军：《浙江中小企业发展对云南中小企业的启示》，《商场现代化》2013 年第 3 期。

环境，与自身素质的提高也分不开。这些年来浙江中小企业快速成长取得的宝贵经验，对其他地区中小企业的发展有着很好的借鉴意义。

（二）有利的外部因素

在浙江省中小企业成长的历程中，历届浙江省委、省政府都十分注意营造有利于企业发展的外部环境。从 20 世纪 80 年代开始，政府以宽容的态度，支持和引导个体工商户和私人企业，鼓励老百姓去试，去闯，去开拓一片新的天地；到了 90 年代，政府在鼓励与扶持中小企业发展方面，出台了一系列相关政策，以促进产业集聚，企业融合，使中小企业渐渐做大做强。进入 21 世纪以来，浙江省一如既往地鼓励支持中小企业发展，提出产业升级创新，增强中小企业竞争力。政府对中小企业的扶持政策主要表现在以下方面：

1. 财政金融

浙江省充分利用财政贴息资金、奖励基金和补助资金，围绕中小企业先进设备引进、技术改造、自主创新、产业转型升级、规模培育等措施或者方式，不断加大资金投入力度。建设中小企业发展专项资金、企业上市扶持资金、工业企业技改贴息资金、循环经济节能降耗扶持资金，以及企业创新、高科技企业重大支持等项目资金。对困难企业实行社会保险和岗位补贴，加大大学生创业资助力度等。政府通过完善风险补偿机制，支持金融机构对中小企业融资。加强融资服务平台建设，积极依托国家和社会各种金融资源，通过资源整合、优势互补、信息沟通、机制创新，积极搭建由政府指导协调，金融机构、担保机构及其他投融资机构等合作参与的中小企业融资服务平台。鼓励中小企业股权融资，进行创业风险投资，探索中小企业债权融资，组织集合发债，鼓励中长期投资。加强监管与扶持力度，支持融资性担保机构做大做强、规范发展，提高担保贷款在中小企业贷款中的比例。加快发展各类以服务中小企业为主的小额投资担保公司和乡镇银行。

2. 政府服务

加强人才培训服务，广泛发动各级各类职业培训机构和职业院校开展多层次、多形式的职业技能培训。浙江省积极为中小企业创业者提供创业培训，帮助提高创业能力。推进市场化、社会化培训提升服务，组织实施小微企业经营者素质提升工程。规范培训管理，增强培训的实用有效性，将培训与就业创业挂钩，与紧缺人才培养挂钩，努力提高培训质量和培训后就业率，为中小企业发展提供有力的人才保障。

加强信息化建设服务，进一步建立公共服务平台，更好地为中小企业提供政策法规、经济信息、市场动态、人才招聘等公共信息服务。建设网络交易平台，开发和推广适合中小企业使用的网上技术交易评估报价系统、技术合同网上登记系统，引导中小企业利用信息网络获得先进适用技术。加强与政府有关部门合作，为中小企业提供电子政务，网上融资，电子商务，市场营销等信息化服务，促进中小企业发展与信息化建设紧密结合。

降低中小企业参与采购门槛。采购预算较大的单一产品或服务项目，可以拆分成若干个项目进行采购，为中小企业参与竞争创造有利条件。加快建设一批特色工业设计基地，培育一批工业设计企业，集聚一批工业设计人才，为中小企业创新发展提供专业化设计服务。在各类开发区、工业园区内建造标准厂房，或者改造闲置场地、厂房，作为中小企业创业基地。

（三）有利的内部因素

20世纪八九十年代浙江民营企业中大部分是家族式管理，有相当一部分企业100%股权由家庭成员拥有。但是，随着市场经济竞争机制的引入，一些中小企业为应对市场竞争，开始股权结构的改变，部分企业引入了战略投资者。引入战略投资者后，战略投资者从管理、技术、市场各方面给予指导扶助，使企业更具竞争力，进一步有利于企业发展。不仅如此，一些企业也开始注重企业内部管理结构对其成长的影响。

1. 精益化管理。为应对经营环境恶化，很多企业从生产流程着手，引入一些现代化的管理方法，建立各种标准，实行标准化管理。主要表现在：节约工业用地，提高每亩产值；减少生产过程中的材料浪费；降低库存，节约大量流动资金占用。从而降低企业生产成本，提高效益，增强企业竞争力。

2. 注重企业文化建设。建立以人为本的企业文化建设，营造良好的企业文化氛围。管理层不仅注重工作效率，而且更加关注员工生活。例如，组织一些有意义的文体活动，或者是户外旅游等，使员工更加积极地融入这个企业，从而提高员工在企业中的主人翁意识，增强员工工作的积极性。

二   深圳民营中小企业发展经验[①]

近几年来，深圳市坚持把发展民营经济作为全市经济工作的重中之重，在优化市场、法制、政务、人才、舆论等各个方面制定了一系列政策措施，重点解决了制约全市民营经济发展的"四大难题"：

（一）放宽企业注册条件，解决"出生难"问题

前几年，企业注册门槛过高，一直是妨碍深圳市民营企业"出生"的主要因素。为解决"出生难"的问题，深圳市在全国率先实行了"五个放宽、一个降低"的政策。即：放宽住所和经营场所登记条件，对申请者已经取得符合一定条件的合法住宅使用权的，可以不受物业使用功能的限制，作为企业办公场所予以登记；放宽注册资本限制条件，降低公司制企业注册资本要求，不再要求一次到位，允许先行注册，分期注入，限时补足，允许以管理才能、技术专长等人力资本按一定比例作价入股；放宽个人独资企业和合作企业的名称登记，准许企业名称直接冠名深圳市，可不标明所属区名，并加强对其名称专用权的保护；放宽对投资者的资格限制，取消要求投资者提供暂住证的做法；放宽创办民营科技企业和失业人员创办非公司制企业的登记条件，对其经营方式、组织机构、雇工人数等非关键条件尚有欠缺，但一年内能够完善的，可以由工商部门核发有效期为一年的营业执照，并按正规企业实行预备管理；降低企业设立成本，对民营企业在注册登记、年检、股权转让等方面，适当降低收费标准。

（二）加大资金扶持力度，解决"融资难"问题

近几年来，融资难一直是制约深圳市民营经济发展的瓶颈。2004 年，深圳市制定专门政策，今后五年市财政每年安排 1 亿元作为中小企业和民营经济发展专项资金；每年安排 1 亿元作为市政府支持建立政策性信用担保机构的资本金；市产业发展基金每年至少拿出 2000 万元用于扶持中小企业和民营经济发展；2004 年、2005 年及未来三年，扶持民营经济新增资金总额将超过 11 亿元；加上原有的科技研发费用、软件资金，总额将超过 70 亿元。同时，深圳市加强企业信用网和企业信用担保体系建设，截止到 2005 年 6 月，全市已有各类信用担保机构 134 家，其中 94% 以上

---

① 刘景旺：《深圳市中小企业及民营经济情况考察报告》，《中小企业管理与科技》2005 年第 11 期。

为民营担保机构，总注册资本 100 多亿元，有效地解决和缓解了民营企业"融资难"问题。

（三）实施产业集群战略，解决"聚集难"问题

近几年来，深圳市积极引导鼓励民营企业走专业化、集约化、规模化园区经济发展道路，适时启动了服装、模具、钟表、内衣、黄金珠宝、家具等优势传统产业集聚基地项目，并制定了相关的优惠扶持政策；注重培育各类科技中介服务机构，先后组建了"深圳市服装行业公共技术服务平台"、"深圳市家具行业公共技术服务平台"、"深圳市黄金珠宝产品研发和检测中心"等多种公共服务平台，加快了全市民营企业向园区聚集。

（四）强化政府服务职能，解决"办事难"问题

在 2005 年新一轮机构改革中，深圳市专门成立了深圳市民营经济发展协调小组，组建了副局级中小企业服务中心，统筹、协调全市民营企业服务工作，目前全市已形成以市中小企业服务中心为龙头，以区、镇服务机构为骨干，以专业服务机构为依托，以社会中介组织为配套的纵横交错、互为补充的民营及中小企业服务网络。同时，深圳市大力支持民营企业实施名牌战略，对已获得国家、省名牌产品称号的产品执行免检政策，多项技术服务实行了减半收费；大力支持民营企业开拓国际国内市场。进一步改革审批制度，简化办事程序，减免个体工商管理费，缩短企业登记审批时限；简化民营企业办理进出口注册备案手续，对符合条件的民营企业，给予"预审价"、"预归类"的便利优惠，提供提前报关、联网报关、快速通关、加急通关和担保验放等便利通关措施，为民营企业提供优质服务。

第四章　榆林市民营中小企业发展的
目标定位和总体思路

在对国内外环境和榆林中小企业发展基础进行分析的基础上，本章研究榆林市民营中小企业发展的总体思路和目标定位，并指明今后榆林市民营中小企业发展的方向。

第一节　榆林市民营中小企业发展的战略
定位和产业定位

按照经济学家阿尔弗雷德·马歇尔（Alfred Marshall, 1980）的研究，产业发展的规模和产业的地区性集中有很大的关系，也同时取决于从事工业的单个企业的资源、它们的组织以及管理的效率，即著名的外部规模经济和内部规模经济的思想。本章即借助这一思想，来研究榆林市民营中小企业发展问题，确定其发展的战略定位与产业定位。

一　战略定位

无论从国内外及榆林市中小企业的实际表现和实际功能看，还是从当代国内外中小企业理论研究成果看，榆林市努力发展中小企业的经济－社会战略功能价值，首先都要集中在改善榆林民生或"富民"上。

在中国目前的国情下，发展国有大企业除了在资源税方面的贡献外，对提升榆林地方经济和产业的关联度和带动性不强，对地方经济发展和解决就业方面作用不明显。相比而言，发展中小企业的价值就在于它能直接增强地方财力，富及当地百姓，是榆林"富民"的最主要的或第一位的"战略抓手"。改善民生或"富民"是榆林市发展民营中小企业进行战略定位的"出发点"和"落脚点"。

当然，榆林发展中小企业的战略价值不只限于"富民"，它还具有其他多种经济—社会功能，包括优化榆林市企业、产业结构、改善生态环境、提升榆林市的 GDP，等等。在中国目前的发展阶段，保持适当的速度是完全必要的。但是，基于"以人为本"的观点，从中央关于改善民生是"出发点"和"落脚点"、是西部大开发首要目标的尺度审视，民营中小企业所具有的多种经济—社会功能，实际都是其改善民生或"富民"功能的不同经济表现形式或必由之路。

（一）是榆林实现"富民"的最直接途径

近十几年的榆林资源开发史表明，榆林有资金积累的人大多选择煤矿等中小企业为自己实现资金再扩大的首选途径。作为新时期致富者的代表性形象，"榆林煤老板"在全国甚至在全球都有一定的影响。因此，在榆林地区，激活数额巨大的民间资金的一个重要途径就是大力发展中小企业。

在国外，特别是在德国、日本，中小企业早就被视为"中产阶级"的首个"摇篮"。西方和港台的绝大多数有钱人，也是靠投资中小企业致富的。民营中小企业最发达或较发达的浙江和榆林邻居鄂尔多斯等地，"民富"程度最高或较高，也是众所周知的事实。鄂尔多斯与榆林资源禀赋相近，但因为民营中小企业发展程度不同，地方财力差距颇大（见图 4－1），导致"民富"程度相异，就是一个最好最近的例证。

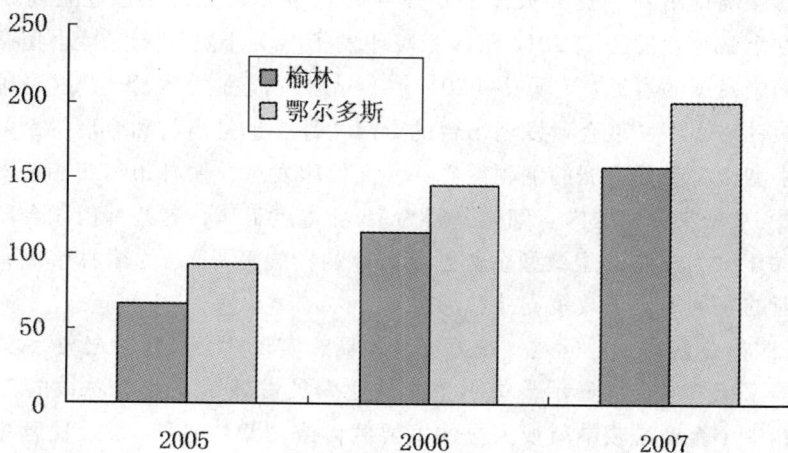

图 4－1　内蒙古鄂尔多斯市与榆林市 2005—2007 年地方财力发展比较图

（二）是榆林企业、产业结构实现优化的重要途径

榆林大力发展民营中小企业，优化中小企业的产业分布领域，也将使大企业更大的产业要求获得满足，包括使榆林进一步扩大开发化石资源的规模，因为只有这样，大企业在企业类型上才能获得足量配套，其辅助产业如服务业、物流业等，也就有了从业者，进而"龙头企业"与集群内配套的中小企业相互协调，形成共同发展、实现产业升级。榆林大力发展民营中小企业，就是优化作为资源转换装置的企业产业结构，使榆林在资源转换方面迈上新台阶，提升榆林市的 GDP，改善榆林的生态环境。而榆林 GDP 的提升，自然有利于榆林"民富"。

（三）是榆林建立和完善社会主义市场经济体制的紧迫任务

在现有国情下，发展中小企业与发展民营经济基本是同一概念。尤其是在中国由计划经济转型为市场经济的条件下，大力发展民营中小企业，是建立社会主义市场经济体制的紧迫选择。

社会主义市场经济的主体，不应当是国有的垄断经济，而应当是基于民营经济的股份制混合经济。国发〔2010〕13 号文件提出"政府投资主要用于关系国家安全、市场不能有效配置资源的经济和社会领域"，因而要"鼓励和引导民间资本进入法律法规未明确禁止准入的行业和领域"。这应当是榆林在"十二五"时期乃至今后很长时间努力发展中小企业以"富民"并且锻造社会主义市场经济企业体制的"尚方宝剑"。党的十八大报告明确提出要"提高大中型企业核心竞争力，支持小微企业特别是科技型小微企业发展"。2012 年国务院印发了《关于进一步支持小型微型企业健康发展的意见》（国发〔2012〕14 号），简称"29 条"，这是国务院首次针对小型微型企业发展出台的专门文件，也是当前和今后一个时期促进小型微型企业发展的纲领性文件。文件印发后，榆林市组织相关部门将国发 14 号文件相关内容细化分解为 75 项重点工作，这些部门联合印发了《关于大力支持小型微型企业创业兴业的实施意见》，为榆林市民营中小企业的发展提供了政策支持和保障。

（四）是解决就业问题、统筹城乡发展、实现社会稳定的必要手段

国家统计局资料显示，中小企业从业人员占城镇就业者总数的 75%以上，中小企业是吸纳就业人员的主要载体或"集中地"。发展民营中小企业是榆林转移农村人口，实现城镇化、城市化的重要途径。因为，中国的农村人口被转移出来后，由于素质、习惯、地理、技术等条件限制，基

本上都先在劳动密集型的中小企业就业。对榆林而言，把丰富的劳动力转换成"人力资本"，最便捷的办法就是大力发展中小企业。从根本上看，榆林的大企业发挥不了榆林的劳动力资源优势。即使只为了社会稳定，榆林市也必须大力发展中小企业。

（五）是摆脱"资源诅咒"，实现"两型"社会目标的必然选择

20世纪80年代中期以来，新的内生增长理论对索洛增长理论的"趋同过程"和"赶超假说"提出了质疑，大量的实证研究开始比较各国经济增长速度的差异。一些经济学家发现自然资源丰裕的国家经济增长速度却令人失望，开始探求其中原因。1993年，Auty在研究产矿国经济发展问题时第一次提出了"资源的诅咒"（Resource Curse）这个概念，即丰裕的资源对一些国家的经济增长并不是充分的有利条件，反而是一种限制。在此之后，Sachs和Warner（1995，1997，2001）连续发表了三篇文章，对"资源诅咒"这一假说进行开创性的实证检验。作为依托化石资源发展起来的榆林市，必须提前考虑世界范围的"资源诅咒"，其中包括，要预防和治理由于十几年化石资源初级开发形成的严重环境污染和生态破坏，就应当大力发展从事治污和生态保护产业的企业，而这些企业在榆林目前就是中小企业。为此，只有大力支持民营中小企业的发展，才能促进榆林市在生产、流通、消费等各领域各环节，通过采取技术和管理等综合措施，厉行节约，不断提高资源利用效率，尽可能地减少资源消耗和环境代价满足人们日益增长的物质文化需求的发展模式，建设"资源节约型、环境友好型"社会。

（六）是拉动内需、应对消费型社会来临的必有姿态

经过十多年高速发展，榆林也将迎来老百姓追求车子和房子的消费需求。即使是进城的农民工，也必然存在住房需求。农牧民也普遍面临住屋改造或搬迁。而汽车销售、现代服务业和房地产行业在榆林也是民营中小企业集中的行业。

（七）是实现建成"一都三市"目标的最主要"抓手"

把榆林建成"国际知名、国内一流"的"绿色能源之都"，除了使化石资源开发尽量"绿色化"外，主要是尽量发展新兴能源产业，尤其是发展在榆林也具有天然资源优势的太阳能产业，并力求把新兴能源产业规模做得和化石资源开发产业相当。既然提出了建设"绿色能源之都"的口号，那就应该认真贯彻落实，通过努力发展中小企业，把真正的"绿

色能源"新兴能源产业规模做得能和化石资源开发产业相媲美。否则，所谓"国际知名、国内一流"的"绿色能源之都"，就不会被承认，至少很难被国外承认。而目前在榆林从事新兴能源产业的企业，也是中小企业。在这个意义上，发展中小企业将是榆林迎接"能源革命"并永保"中国第一产能大市"荣誉的必走之路。

榆林要建成"西部文化大市"，但是与发达地区相比，榆林文化创意产业目前很不发达。这与榆林在一段时间内倾力于化石资源开发并与邻区在产业上同质化的情况，是彼此对应的。榆林不能总是如此，否则，作为文化体的榆林就会消失。为此，发展榆林特色的文化产业，应当被视作榆林化石资源开发的主要后续支柱产业。而榆林目前从事文化产业的企业，都是中小企业。

同时，榆林要建设"塞上生态名市"，其创立品牌或名牌的期望也都是民营中小企业。

（八）是榆林市化石资源开发结束后建立接续支柱产业的必由之途

榆林要破解"资源诅咒"，发展化石资源开发结束后的接续支柱产业，无论是发展太阳能等新兴能源产业，还是发展榆林文化创意产业，以及其他产业，也都只能在中小企业基础上启动实施。

（九）是榆林市挤入"呼包银产业带"并成为关中与环渤海湾经济圈连接体的前提

作为国家级产业带，目前"呼包银"急需有一定素质的中小企业作为其中大型企业的配套者。榆林只有靠大力发展具有一定素质的中小企业，才能真正挤入"呼包银产业带"，才能使自己从内陆闭塞的局限中走出而直接面对环渤海湾经济圈，成为关中与环渤海湾经济圈之间合格的连接体。为此，应具特殊的眼力和政策举措。

真正挤入"呼包银产业带"，对榆林市而言，是件实现跨越式发展的大事。因为，与纯内陆的"关—天经济区"不同，"呼包银产业带"天然就与京津冀以及"环渤海经济圈"连为一体。真正挤入"呼包银产业带"，成为京津冀以及"环渤海经济圈"的合格的"能源化工基地"，榆林就可以利用京津冀以及"环渤海经济圈"的信息、资金、技术和市场，迅速把自己做大，实现跨越式发展和"民富"。榆林不能被现有行政区划迷住眼，而应展眼看全国全球，在战略布局上清醒地看到这一步棋。榆林距西安颇远，距京津冀则不远，天然地属于"呼包银"，故在经济发展上不能只限于为纯内陆的"关—天经济区"配套或服务，而首先要挤入"呼包银产业带"，才能为"关—天经济区"服务。

（十）是榆林市迎接知识经济社会来临的必要举措

榆林市不能把迎接知识经济社会来临看成遥不可及之事。其实，即使目前进行的化石能源开发，如果借助于知识经济手段，业绩也会大不一样。何况，从根本上和长远处说，榆林的前途不在化石能源开发，而在知识经济，在与知识经济并行的现代文化产业、现代服务业大发展等；知识经济通过物联网、现代文化产业、现代服务业等，正在敲着榆林市的大门。

（十一）是榆林市实施"以人为本"、方便百姓生活的应有选择

生活型服务业中小企业的发展，将使逐渐富裕起来的榆林老百姓生活得更舒服，是人们迫切所需。

二　产业定位

（一）民营中小企业要首先作为榆林主导产业的配套企业而存在和发展

榆林市已经形成了以煤炭、石油、天然气、岩盐采掘为基础，以电力、化工、建材为主导的工业产业体系，以后还要构建煤电、煤化工、煤制油、煤油气盐化工产品的产业链，提高产业配套能力，加快产业升级，增强市场竞争力。榆林市民营中小企业发展，首先要在产业上配套并服务于这个工业产业体系及其产业链升级，为扩内需、惠民生的目标服务。

榆林市目前只能以化石资源开发并力促其从初级阶段向中级、高级阶段发展及其形成的产业结构作为企业结构发展的出发点。因此，榆林民营中小企业发展的首要产业定位，必须首先是为这些产业配套。

从榆林市的自然禀赋和目前开发情况及开发需要看，目前榆林主导产业主要是化石能源（煤炭、电力、石油、天然气等）、化工（煤化工、盐化工、有机化工含精细化工等）、载能（电石、铁合金、金属镁、多晶硅等）、建材（玻璃、水泥、新型砖、聚氯乙烯材料等），因此，榆林目前要发展的配套中小企业，主要应涉足以下产业。

1. 装备制造业，包括矿井装备、化工装备、油气田装备等。从目前发展态势看，榆林装备制造业还应重点或大力发展新能源产业（尤其是太阳能产业）装备制造。

2. 现代物流业、现代金融业等为代表的现代服务业，包括以物流中心和集运站为核心的运输产业。从目前发展态势看，榆林市物流运输业应特别注意电子商务尤其是"物联网"业态的建立和发展。科研，教育及培训，餐饮住宿，电器修理，洗车等社会—生活服务业，则时刻难缺。

3. 轻工、副食产业，包括啤酒、服装、小杂粮等副食，红枣、羊肉等特色食品，采石加工，现代农业，沙漠农业，沙产业等。在这些方面，榆林市地域特色鲜明，具有较广阔的开发和发展空间。

4. 为榆林主体产业配套的其他各种产业。

（二）民营中小企业还要作为新兴产业载体发展壮大

榆林市民营企业在煤炭、化工等依靠资源的行业已初步形成产业群，但是第一和第三产业仍然发展滞后，导致第二产业和第一、第三产业比例严重失衡，形成产业结构不合理、产业链条延伸不足的格局。作为榆林市发展民营经济的典型，府谷县靠近并学习了鄂尔多斯及其他地区的经验，但其民营中小企业形成的 GDP 也只占总 GDP 的 66% 左右。如果榆林中小企业作为三次产业中的新兴产业载体发展壮大，就可增加其在 GDP 中所占的份额。

另一方面，"资源诅咒"是榆林市近些年挥之不去的心病。在为化石能源产业配套外，榆林市的民营中小企业发展还应当在破除榆林市的"资源诅咒"方面有大建树，学习国外既有经验，闯出相对独立于并引领化石资源循环经济开发的新路子。其中，鉴于榆林市具有发展新兴能源产业较好的自然条件和一定的发展基础，榆林市应着力把新兴能源产业打造成民营中小企业发展首选的支柱产业。

榆林市的地域文化资源丰富。而现代文化创意产业又是全球的"第一产业"。美国、日本、韩国的现代文化创意产业均是它们的支柱产业，中国正在迎头赶上。从目前发展态势看，榆林市服务业和文化产业中的某些领域，经过现代化洗礼，如通过把"最土的"剪纸艺术和"最洋的"动漫技术相结合，以榆林市特有的"杨家将故事"为载体，且与旅游开发中的动漫衍生产品开发相结合，发展出一些文化产业，极有可能成为榆林市经济中的亮点，甚至能成为化石能源开发后榆林市的接续支柱产业。要深度挖掘榆林市黄土文化、大漠文化等特色文化资源，利用榆林市临近沙漠的区位优势，把榆林打造成"中国的拉斯维加斯"，即现代"沙漠休闲娱乐—文化城"，或在旅游方面深度开发红碱淖而把榆林市打造成"中国的迪拜"。这些,都是榆林市民营中小企业可以进入并取得重大突破的领域。

总之,从国家产业政策和榆林市实际看,榆林市民营中小企业发展的产业定位中,新兴能源产业(包括太阳能光伏产业、风能产业、生物质能产业,以及这些产业的装备制造业),现代服务业(包括现代物流业、金融业、现代文化产业和房地产业),以及现代农业(包括"反季节农产品生产"业态、沙漠农业、生态农业、沙产业等)这三个产业,都应该作为榆林市中小企业发展的新添支柱产业,引起各个方面的重视。

第二节 榆林市民营中小企业发展的指导思想和总体思路

一 指导思想

鉴于榆林市发展中小企业就是发展民营经济,而在榆林市只有发展民营经济体才能真正富民;大型国企的发展对榆林国税收入作出了巨大贡献,但民营中小企业不发展,榆林市老百姓就富裕不起来。榆林市民营中小企业的指导思想应该是:通过促使民营中小企业实现较大发展,以全民创业实现全民创富,让榆林老百姓得到实惠,富裕起来,即以"富民为旨"。

二 总体思路

根据榆林市建设"一都三市"的目标,鉴于目前制约榆林市中小企业发展的主要障碍是产业与企业结构失衡、南北区域发展失衡、城乡发展失衡,生态环境脆弱,市场发育滞后,劳动力素质不高和融资困难,以及中小企业业态单一,在集群内配套企业实力不足,大多数民营资本积累分散,实现二次创业的机遇多关注能源重化工产业及配套资源的初次加工,关注非能源产业的较少,其最终后果是"民富"程度较低,生态环境受到破坏等,故榆林市民营中小企业发展的战略总思路应为:

以邓小平理论和"三个代表"重要思想为指导,深入贯彻落实科学发展观,树立以富民、绿色为重心的新发展理念,以市场调控和政府引导相结合的方式,依托优势资源,切实落实国务院 2010 年 13 号文件,牢牢抓住国家资源税改革和"第二轮西部大开发"启动的佳机,以国家投资和激活民间资金使之"协同并进"为首要工作目标，以给化石资源开发进行企业配套和发展相对独立于并引领着化石资源开发的新兴业态企业为中小企业产业定位，采取必要的财政金融举措，把新兴能源产业、现代服务业（包括物流业、金融业、现代文化产业、房地产业）、现代农业三大新添支柱产业的发展作为突破口，以神府经济开发区、榆林经济开发区和靖定榆新兴能源集聚区为中小企业发展的"三区"骨架（这里区的概念是技术概念而非地理概念），以"三区多园"为中小企业发展的产业及空间布局，通过实施"四大工作战略"，实现榆林中小企业空前的跨越式发展。

第三节   榆林市民营中小企业发展的基本原则

一   突出"改善民生"，坚持"富民"优先，实现富民强市

要力求把改善民生贯穿于榆林民营中小企业发展的始终，建立健全中小企业发展为了人民、发展依靠人民、发展成果由全体人民共享的出发点和体制、机制，包括充分发挥中小企业提供就业、保障生活的优势，把榆林民营中小企业发展的目的真正落实到富民、惠民、安民上，实现富民与强市的有机统一。

二   优化经济结构，实现科学发展

民营中小企业发展要以增强榆林市经济发展的稳定性、协调性、可持续性为原则，有力有序有效地推动所有制结构、产业结构、企业结构、需求结构、城乡结构、地区结构、中小企业空间布局结构等的调整，促进经济转型升级，保持经济平稳较快发展。其中包括，要针对后金融危机的时代特点和榆林市的实际情况，努力明确榆林市中小企业及其产业优化升级的思路和对策，立足榆林现有产业、企业结构现状，突出资源的深度转化，强调发展相对独立于化石资源开发产业的新能源产业和非能源产业，以提高中小企业自主创新能力为中心环节，切实把经济增长方式转变到依靠科技进步和提高劳动者素质上来。

三   依托资源优势，实现"双元驱动"

榆林市因其独特的地理位置和民族风情文化而拥有发展多种产业的优

势资源和广阔空间。和迅猛发展的能源化工产业相比，榆林市中小企业的发展要依托榆林市丰富的能源和非能源资源，在市场需求、政府引导的"双元驱动"下，走出一条科技含量高、经济效益好、资源消耗低、人力资源优势得到充分发挥的创新道路。

四　坚持"差异化发展"，缩小南北差距

榆林市中小企业的发展要以"差异化"为前提，突出重点产业、特色产业，发挥比较优势。榆林已形成了自己的工业产业体系，榆林市民营中小企业发展，首先要围绕并服务于这个工业产业体系及其产业链升级，为扩内需、惠民生的目标服务。同时，还要结合县域特色，发展新兴能源产业、现代服务业、现代农业等，强力推进国家能源化工基地、现代特色农业基地、陕甘宁蒙晋接壤区域中心城市等建设。努力缓解地域差异拉大的局势，追求各地域发展均等化。

五　把节约资源、降低能耗和保护环境放在突出位置

以循环经济、绿色发展模式，切实转变榆林市中小企业的发展方式，实现榆林区域经济的可持续发展。

第四节　榆林市民营中小企业产业发展方向

按榆林市情，新能源产业、现代服务业和现代农业，应被确立为榆林中小企业发展中的战略突破口和新增加的三大支柱产业（说"新增加的三大支柱产业"，意味着它们并不排除中小企业中"原有的支柱产业"，如机械制造业等）。

一　新能源产业是榆林市民营中小企业发展的突破口

在西京—榆林阳光能源项目已建成以及神木等 5 个县区进入"中国能源产业百强县"的基础上，榆林人要敢于"背靠沙漠狂集太阳能"，按照国发〔2010〕13 号文件进一步大力吸引本地和外地、外国民间资本进入新能源产业，使之实现超常规发展。榆林市要逐步形成规模和科技含量在全国领先的新能源产业集群，促其不仅成为未来榆林的支柱产业和重要经济增长点，而且要成为化石能源资源枯竭后榆林赖以自立的首要经济

基础。

鉴于榆林具有特殊的自然禀赋特别是沙漠太阳能资源，在已建成"中国第一（化石）产能大市"的同时，榆林可以把"建设全国新兴能源产能第一大市"作为发展新能源产业的工作目标。包括在新能源利用方面，学习"非洲太阳能城"，在中国率先提出"榆林市民只用太阳能"的口号并认真付诸实施，努力使榆林在新能源利用方面走在全国前列。

二　现代服务业是榆林市实现跨越发展的重要产业

在榆林地下资源进一步大开发的同时，现代服务业特别是现代物流业、面向中小企业的现代金融服务机构、包括旅游业在内的文化创意产业和房地产业等"四业"，对榆林实现跨越式大发展必不可少。在一定意义上，榆林现代化和城市化水平如何，中小企业发展水平如何，市民就业状况如何，全市稳定状况如何，从产业结构看，首先要看其"四业"发展水平如何。

完善榆神、榆横等市县工业园区物流体系，加快榆林海关、电子口岸、陆路货运口岸和航空口岸建设步伐，包括积极建立发展"物联网"等，应是榆林发展现代物流业的当务之急。

积极培育科技研发、房地产、文化创意、社区服务、设计创意、信息、会展等新兴服务业，鼓励发展适应市场经济需求的社会中介服务组织，促进"消费主导—服务业推动"的新型经济带动方式的形成，都是榆林发展服务业应注目的领域。

文化创意产业包括旅游业应当是榆林未来发展中的又一支柱产业，是化石能源产业的重要接续产业。榆林有着独特的文化旅游资源，应大力发展文化旅游业。当前可在已初步形成的大漠长城风光游、黄河风情游、红色游、乡村民俗游、古城堡探秘游及能源化工和现代农业等七大主题旅游线路的基础上，围绕"一街五区三线"的旅游发展布局，进一步开发榆林文化资源，打造精品旅游线路，举办"榆林旅游节"，强化 A 级景区创建和饭店星级化管理，将榆林建成全国知名的"沙漠休闲—红色旅游目的地"。在发展旅游产业和文化创意产业上，要进一步解放思想，可在现代创意策划基础上，响亮提出"把榆林建成中国拉斯维加斯（或迪拜）"的口号。

在市场经济中，金融业是现代服务业的主导产业。鉴于中小企业目前碰到的最大困难之一是融资难、贷款难、担保难，榆林各级政府建立的市"能投公司"、各县"国有资产运营公司"等，通过借款、入股等形式化解融资难、贷款难、担保难，取得了一定成绩。有一种意见认为，今后可保留发展这种形式，采用专家管理、市场化运作和"基金叠加"的方法，积极引导民间资金投向。从长远看，基层有人构想建立"榆林银行"，也有学者提出建立专为中小企业提供服务的专业银行，以解决有关困难，均可供讨论。总之，要以政府为主导，先试先行，努力形成为中小企业服务的健全的财政—金融体系，才能从根本上解决中小企业融资难、贷款难、担保难的难题，这是各方的共识。

随着榆林城市化发展的提速和群众生活水平的提升，随着榆林新市民大量增加，以及市民住房需求的增加，房地产业健康发展对榆林意义重大。建议榆林在解决弱势群体住房条件方面，除大力扶持发展民资主导的建筑企业外，还可考虑把资源税改的一定比例，用于降低弱势群体住房土地成本和建设"经济适用房"和"廉租房"、"公租房"等；按照注重城镇扩容提质，举力打造区域中心城市和副中心城市，包括尽快对神木撤县设区，在促进城乡一体化发展上实现新的跨越；按"三沿三型"布局规划推进新农村建设，实现每年建设 100 个新农村重点村的目标，迅速高质地发展为城乡一体化服务的房地产业。

三　在现代特色农业基地建设上实现现代农业发展的新跨越

在初步形成的榆阳"农业示范园"和榆林农业"四区一带"产业格局基础上，发展建设一批优势农产品生产基地，建立发展沙漠现代农业，大力发展家庭农牧场和养殖园区，大力发展"四季农业"，探索农业资源综合开发利用的循环农业发展模式。现代特色农业是榆林因地缘和气候优势而有望在中国农业上实现突破的又一重点产业，应在学习乃至引进以色列发展沙漠现代农业经验和人员的基础上，加大工业对农业的反哺，可用资源税改新增的地方财力和其他收入建立"榆林现代特色农业发展基金"和"榆林沙漠现代农业发展基金"，以及"四季农业"专项基金，推进发展中国最前卫的沙漠现代农业。大力扶持农业龙头企业，着力打造国家级农业龙头企业，在发挥行业协会作用的基础上，努力把黄河滩枣、横山羊肉、大明绿豆、三边荞麦、子洲黄芪等打造成全国驰名品牌。大力发展和规范农产品产销协会、农民专业合作社等经济组织，不断提高农民合作化程度。高标准打造榆林现代农业科技示范园，加快12个县区科技示范园建设，为榆林市农民的富裕开出一条新路。

四 实现"三区多园"的民营中小企业产业布局

以"三区多园"为"十二五"中小企业发展的产业布局，是指榆林市"十二五"中小企业发展的主导产业布局于"三个区"，即榆林经济开发区、神府经济开发区以及靖定榆新能源产业集聚区。"多园"则有两层含义，其一，指榆林市按集群化原则建设的中小企业化石能源产业园，共为6个（即府谷工业园区、榆神工业园区、榆横工业园区、定靖工业园区、吴堡工业园区、南部工业园区），新兴能源集聚区则含榆靖太阳能产业园、定靖风能产业园和榆林生物质能产业园3个产业园区，这样，榆林市按集群化原则建设的中小企业能源产业园共9个；其二，指榆林各县设立的产业园，如"现代农业及农产品加工园"、盐化工业园、文化创意产业园、枣羊等特色产品物流园，以及各县建立的其他"工业集中地"。这两层含义的产业园在一定条件下也可互相转化。

五 实现目标的"四大工作战略"举措

实施"四大工作战略"，是指为实现"齐头并进"工作目标和建设"三区多园"而采取的四项战略性工作举措。

（一）"自强战略"

它首先的含义是指榆林上下不能只靠央企等国有大企业的发展致富，而要充分评估国家启动的资源税改和新一轮西部大开发给榆林发展提供的绝佳契机，发挥"自力更生"、"自强不息"的精神，通过自己大大改善的财力发展民营中小企业富民兴市。"自强战略"的另一层含义是指通过扶持、引导、培育等政策措施，支持非公有制中小企业，使之产生内在动力，包括充分发挥人才的作用，提高企业的管理水平与竞争力，形成某些品牌进而做大做强。

（二）"驱动战略"

充分评估利用国家启动的资源税改和新一轮西部大开发给榆林提供的绝佳契机，通过独特的财政、金融、政策、行政等举措，驱动中小企业和个体创业者跨越发展。

（三）"集群战略"

按照产业集群原则组织中小企业进行生产经营活动，包括建立各种产业园、区。企业之间也要有意识地进行合作，建立联盟，共同发展。

（四）"绿色战略"

按照节能减排、绿色环保要求以及循环经济、绿色供应链的管理模式，充分评估利用国家启动的资源税改给自己提供的绝佳契机，大力发展绿色经济和环保产业，也包括绿色食品产业、旅游业等。在发展环保产业上，可考虑在地方立法的基础上，针对榆林实际，响亮提出"污染企业掏大钱，中小环保企业严格治污"的口号并付诸行动。

第五章 榆林市民营中小企业发展的方向设计

榆林市应借西部大开发深入推进的强劲东风，抓住陕西成为全国低碳试点省份的机遇，坚持"富民、绿色"的理念，实现新一轮跨越，形成以新添三大支柱产业发展为突破口，以"三区多园"为特色的产业布局。

第一节 榆林市民营中小企业产业发展选择

榆林在"十二五"期间，一方面要逐步解决三次产业发展严重失衡的问题，另一方面要下决心发展相对独立于化石能源开发且对榆林未来有重要价值的非化石能源新产业及新添的三大支柱产业。

一 产业空间布局

（一）榆林市区域产业发展现状——"两区六园"产业格局

产业布局理论是产业结构理论的重要组成部分，是社会生产组织的空间组织形式。产业布局合理与否，将会对区域宏观和微观经济效益，社会经济持续、快速、健康发展，产生重大影响。榆林市凭借矿产资源优势，在国家建设能源化工基地政策的支持下，经过 10 年建设，目前已初步形成"两区六园"及诸多"产业集中区"的发展格局，一些大型项目已开工建设，并已成为区域经济跨越发展的主要支撑点。

1. "两区六园"的格局

"两区"分别指神府经济开发区和榆林经济开发区。"六园"是指榆神煤化学工业园区、榆横煤化学工业园区、府谷煤电载能工业园区、靖边能源综合产业园区、吴堡煤焦化工业园区、榆米绥佳盐化工园区。"两区六园"的主导产业主要是煤炭、油气、电力、化工等。截至目前，榆林能源化工基地建成重点项目 46 个，累计投资 750 亿元。在建项目 50 个，总投资 1120 亿元，其中能源化工项目 30 个，总投资 630 亿元；配套设施项目 20 个，总投资 490 亿元。前期项目 40 个，总投资 2240 亿元，其中能源化工项目 28 个，总投资 2100 亿元；配套设施项目 12 个，总投资 140 亿元。

2. "两区六园"的主要进驻企业

自 1998 年原国家计委批准规划建设能源化工基地以来，按照"三个转化"的基本思路和"大煤田、大煤电、大化工、大载能"的高起点要求，榆林能源化工基地引进了一批世界级、国家级的大企业、大项目。目前进驻的世界 500 强企业有泰国正大、美国陶氏、英美安格鲁、荷兰壳牌、中石油、中石化等；进驻的中省企业主要有中国神华、山东兖矿、山东鲁能、中国华能、中国华电、北京首钢、中盐集团、中煤集团、国家电网、中国煤科总院、陕西延长石油集团、陕西投资集团、陕西煤业化工集团、陕西银河、宝钛、西京电气等。

（二）民营中小企业整体空间布局设计——"三区多园"

综合榆林发展面临的国内外环境，根据榆林能源化工基地和榆林市中小企业、非公经济发展的现状，榆林市未来应在现有"两区六园"的产业布局基础上，按照集群化原则，整合现有的一批市级和区县级产业园区，形成"三区多园"的发展格局。

1. 三区

这里的"三区"分别指神府经济开发区、榆林经济开发区、靖定榆新能源产业集聚区。在神府经济开发区和榆林经济开发区，中小企业主要是围绕能源化工基地的煤、油、电、气、化等主导产业进行配套，加快"三个转化"，积极建成配套产业体系，同时发展循环经济，形成以能源化工为主，载能建材、装备制造、轻工产业和现代服务业相互支撑、协调发展的产业集群。

榆林经济开发区始建于 1999 年，规划面积 28.4 平方千米，投资总规模达 150 多亿元。定位于"两区六园"的综合配套服务区，重点发展精细化工、装备制造业、现代物流等。规划到"十二五"期末，生产总值达到 55 亿元。神府经济开发区始建于 1994 年，规划面积 48.8 平方千米，投资总规模达 215 多亿元。形成煤电、煤化工、盐化工和建材四大支柱产业。规划到"十二五"期末，生产总值达到 120 亿元。

靖定榆新能源产业集聚区和神府经济开发区、榆林经济开发区并列为榆林首级开发区（这里的"区"，是技术—经济概念而非地理概念）。靖定榆新能源产业集聚区及其3个产业园（榆靖太阳能产业园、定靖风能产业园和榆林生物质能产业园）以中小企业和民营经济为主体，积极发展主导产业即太阳能产业，适度发展风能，鼓励发展生物质能，重点推广太阳能、风能、生物质能的开发和利用技术，促进新能源产业群的形成和和谐发展，并作为榆林建设"绿色能源之都"的首要产业而引领榆林绿色产业发展的走向。

2002年由陕西省发改委组织，陕西省地方电力公司负责实施的"送电到乡"工程，定边县建成3座太阳能光伏发电站，总装机容量30千瓦。2006年，榆林市在榆林经济开发区沙河路共投入使用140个太阳能路灯带，路段总长2.3千米；靖边县高速公路入口处也有几千米的太阳能路灯带，但规模都很小。太阳能集热目前主要是太阳能热水器的使用，全市约有3万台热水器，总集热面积约4.5万平方米。从目前来看，其规模和产值都较小，但是随着国际能源形势的变化和中国节能减排战略的实施，应当深信榆林的太阳能发电、风电、生物质能产业园区必将大有作为。

靖定榆新能源产业集聚区是将定边建成的3座太阳能光伏发电站、周台子风电厂、黄儿庄风电厂、董新庄风电厂和靖边的太阳能光伏发电站（投资40亿）、烟墩山风电厂（投资10.7亿）、草山梁风电厂、黄蒿塘风电厂及马项口风电厂和榆阳小壕兔新能源区的太阳能光伏发电站（投资40亿）、太阳能节能灯改造工程和榆林市各个生物质能工程项目（投资7亿）进行整合并加以扩大而形成的，总投资将达140多亿元，到"十二五"期末，新增新能源发电量5000兆伏安，生产总值达到100亿元。

2. 多园

"多园"是指按集群化原则建设的中小企业产业园区。其一，指榆林市按集群化原则建设的中小企业化石能源产业园，共为6个，即府谷工业园区、榆神工业园区、榆横工业园区、定靖工业园区、吴堡工业园区、南部工业园区，新兴能源集聚区则含3个新兴能源产业集聚园，分别是榆靖太阳能产业园、定靖风能产业园和榆林生物质能产业园，这样，榆林市按集群化原则建设的中小企业能源产业园共9个；其二，指榆林各县设立的产业园，如"现代农业及农产品加工园"、盐化工业园、文化创意产业园、枣羊等特色产品物流园，以及各县建立的其他"工业集中地"。这两层含义的产业园在一定条件下也可互相转化。

二　榆林民营中小企业产业结构目标、方向和产业链类型

（一）产业结构改进目标和方向

1. 产业结构改进目标和方向评价的一般理论简说

产业结构是沿着人类需求的方向不断由低水平向高水平进化或者演进而形成的一种经济结构，其进化或者演进的方向遵循产业发展规律，而产业发展的重心，则是从以生物学为重点的产业即农业，向以化学和物理学为重点的产业即工业转移，然后又向以社会生产和生活的管理科学化为重点的第三次产业发展。在这个过程中，技术进步扮演着越来越关键的角色。目前，产业结构高度化的标志是高加工度化、高附加值化、技术集约化、知识化、服务化。

（1）高加工度化：工业产业结构由以加工程度比较低的轻纺工业、原材料工业为重心，向以加工程度较高的制造业为重心发展的趋势。

（2）高附加值化：指附加价值更大的产业在产业结构中越来越占优势地位、比重越来越大的发展趋势。

（3）技术集约化：即产业结构的技术水平越来越高、技术基础越来越先进，技术密集型产业越来越成为主导产业的发展趋势。

（4）知识化：即知识生产越来越成为产业发展的最重要的决定性因素，生产和传播知识的产业在产业结构中越来越成为主导产业的发展趋势。

（5）服务化：即主要为服务行业的第三次产业，在国民经济中所占的比重越来越大，在产业结构中越来越成为主导产业的发展趋势。

2. 榆林产业结构改进的目标

按照上述标准来衡量榆林目前的产业结构，结论是它欠合理，二产比重过大，三产比重过小，且过分依赖能源化工产业。结合国内外产业的发展趋势，榆林在规范发展化石能源原材料加工业和化学工业的同时，积极发展化石能源化工产业之外的接续支柱产业，发展高新技术产业，包括重点发展新能源产业，挖掘发展特色农产品加工业，积极发展文化创意产业、金融、信息等现代服务业，提升和发展住宿餐饮业，加大优化调整产

业结构的力度，拓展延伸第一产业，优化提升第二产业，加快发展第三产业，降低二产比重，提高三产比重。

（二）各主要产业具体发展方向

表 5 - 1　　　　　　　　　　　榆林产业体系设计表

	产业体系	产业规划	目的
核心产业	能源产业	以府谷矿区煤炭为基础，通过先进的热电转化技术，向东部地区输送电力	落实国家"西煤东运"、"西气东输"、"西电东送"的能源战略，实现"21世纪国家能源接续地"的目标
		以神府矿区煤炭为基础，以神华集团、陕西煤业化工集团为主导，每年外输商品煤2亿吨	
		以靖边、榆林、子洲气田为基础，向西安、北京输送清洁天然气燃料	
	化工产业	以煤、油、气、盐为原料，通过先进的煤化工、石油化工、盐化工技术实现资源转化，向市场提供紧缺的化工产品	贯彻陕西省提出的"三个转化"，提高资源利用率，实现资源优势向经济优势转变
	新能源产业	以榆林地区丰富的风能、太阳能资源为基础，以科技创新和技术进步为纽带，建设新型能源和可再生能源产业区，形成百万千瓦级的风能发电基地和100兆瓦太阳能发电基地，有序发展水电和生物质能利用，不断提高资源利用水平，实现产业健康有序发展	大力发展低碳经济，调整能源产业结构，实现"绿色能源之都"的建设目标
主导产业	冶金业	利用榆林电力优势，发展铁合金、金属镁、镁合金等高载能冶金产业	延伸产业链，实现资源综合利用，提高附加值
	建材业	利用基地化工、电力产品及尾气、废渣等为原料，生产型材、新型砖、水泥、玻璃等建材产品	

续表

产业体系		产业规划	目的
辅助产业	装备制造	基地建设为装备制造业发展提供了契机，结合石油开采和炼化、煤矿开采、煤化工、电力等产业，发展所需的石油钻采设备、采煤机械、化工设备、输变电设备、非标设备等装备的制造产业	保障基地能源化工产业的发展，装备制造业要提供必要的设备维修、装备制造等服务，降低设备运输成本和维修费用，调整产业结构
	物流运输	根据基地建设的需要，以道路交通为依托，发展以信息化为核心，以运输、配送、仓储、包装、搬运装卸、流通加工等为主体的现代物流产业	增强区域间经济联系，有效降低贸易成本，增强产品竞争力，调整产业结构
	轻工业	从榆林实际情况出发，发展食品加工、棉毛纺织、农产品加工、服装加工、酿造业等，构建合理工业体系	实现工业经济内部良性互动，为可持续发展奠定基础
	现代服务业	利用基地建设提供的机遇，发展文化创意、特色旅游、科研、教育培训、会展、餐饮住宿、金融、娱乐、医疗等现代服务产业	增加就业岗位，改善产业结构，提高人民生活水平，实现和谐发展

1. 新能源产业

以太阳能为代表的新能源产业，是榆林中小企业发展中的第一突破口。它不仅是绿色能源产业，而且是榆林接替化石能源产业的最大希望所在，其发展方向应为：努力接近或实现绿色能源技术的突破，包括使其市场价格接近化石能源价格。

在西京—榆林阳光能源项目已建成以及神木等5个县区进入"中国能源产业百强县"的基础上，榆林要"背靠沙漠狂集太阳能"，按照国发〔2010〕13号文件进一步大力吸引本地和外地、外国民间资本进入新能源产业，使之实现超常规发展，包括按现代产权体制发展混合所有制经济，实施"金太阳"工程等新型能源示范工程，增加研发投入，开发以"阳光经济"、"风能经济"、"氢能经济"和"生物质能经济"为重点的新能源产业，积极发展研究新能源技术，并使之成为榆林促进循环经济发展、推进经济发展方式转型升级、实现新的跨越的首要突破口，"要在全市逐步形成规模和科技含量在全国领先的新能源产业集群"。

2. 煤焦电产业

以安全专项整治、采煤方法改革和资源整合为重点，以提高行业集中度为方向，按照"优化布局、调整结构、加快采改、安全高效"的方针，推动煤、焦、电产业优化升级。加快煤、焦、电产业由数量速度型向质量效益型、由生产初级产品向综合开发加工利用、由资源开发型向资源增值型转变，延长产业链，发展循环经济和绿色煤炭经济，用高新技术改造传统产业，走新型工业化道路，从根本上提高全市煤、焦、电产业的整体素质和综合竞争力。

3. 化学工业

要加大对民营企业的支持力度，使民营经济成为建设世界级甲醇生产基地，中国最大煤化工和盐化工基地，全国煤制乙烯、丙烯基地和国内重要油气生产加工基地的重要力量。

4. 农产品加工业

实现由初级加工为主向高附加值的精深加工为主转变，由资源消耗型向资源节约型转变。全方位推进资源体系、深加工体系、创新体系、质检体系、市场拓展体系、公共服务平台体系等六大体系建设，把集群带动、龙头企业带动、项目带动作为农产品加工业发展的动力源。培育壮大一批技术装备水平高、经济实力雄厚、辐射面广、带动能力强的企业和企业集团，加快榆林市向农产品工业强市跨越；以实现农业产业化和现代化为目标，通过科学规划、合理布局，推进农产品加工原料生产基地化、产销一体化、加工制品名优新特化，促进农产品加工业持续健康发展。

建设一批高标准农产品生产和加工基地，带动农户进行标准化生产。切实推进"一村一品"工程。食用农产品生产基地全部实现无公害生产。扶持发展一批农民专业合作经济组织和中介服务组织，力争使更多农户进入农业产业化经营领域，农户来自产业化经营的收入明显增加。

5. 载能工业

以优势资源为依托，以现有载能企业为基础，坚持可持续发展战略，不断优化产品结构、规模结构和资源配置结构；引进和推广先进技术，改善和提高生产装置水平，努力在循环经济上做文章；大力发展技术含量高、经济效益好、资源消耗低、环境污染少的精加工、深加工产品,不断延长产业链,引导榆林市高载能工业向大型化、集团化、规模化方向发展。重点发展铁合金、金属镁、电石、水泥等四大系列产业,紧紧把握重要战略发展机遇期,依靠技术创新、体制创新和管理创新,不断加大招商引资力度,积极采用国内外先进技术,拓展和延伸产业链,促进榆林载能工业优化升级,全面提高市场的综合竞争能力。到 2015 年,铁合金、金属镁、电石、水泥等载能产品的产量实现年均增长 30%,总产值达 200 亿元。到 2015 年,将榆林市的载能工业全部集中在五个载能工业集中发展区。

6. 建筑建材业

按照落实科学发展观和构建和谐社会的基本要求,紧紧围绕实现"建筑强市"这一战略目标,解决制约建筑、建材业改革和发展的关键问题,不断优化建筑、建材业发展环境;优化升级建筑、建材业产业结构,促进建筑、建材业民营经济加快体制机制改革,深化科学技术创新,强化核心竞争力,推进实施集团化、多元化发展战略,使产业发展加速进入可持续发展的轨道;推进建设工程质量管理体系、安全生产管理体系和市场监管体系的健全,全面提高工程质量和安全生产水平,规范建筑、建材市场秩序;推进行业行风建设和企业文化建设,树立以人为本理念,提高从业人员综合素质,实现榆林市建筑、建材业外延扩张与内涵素质的同步提高,为榆林市经济社会发展作出更大的贡献。

7. 现代服务业

以科学发展观统揽全局,以富民强市和全面建设小康社会为目标,把加快发展服务业作为带动榆林经济增长的重要支撑点和扩大就业的主渠道,以市场化、社会化、产业化为方向,深化改革,打破垄断,放开市场,项目支撑,扩大总量,优化结构,提升素质,逐步建立起开放有序的市场支持体系、高效运转的社会管理和公共服务体系、完善的社会保障体系,形成服务业与推进新型工业化、城镇化和农牧业产业化互相促进、协调发展的全新格局。其中,所提供的各种服务产品,应逐步达到"国内一流"乃至"国际一流"。

(三)产业链类型

1. "产业链"的概念及发展趋势

"产业链"是"产业环"逐级累加的有机统一体,其某一链环的累加是对上一环节追加劳动力投入、资金投入、技术投入以获取附加价值的过程；链环越是下移，其资金密集性、技术密集性越是明显；链环越是上行，其资源加工性、劳动密集性越是明显；随着产业链的发展，产业价值由在不同部门间的分割转变为在不同产业链节点上的分割；一般而言，产业链源头的企业更多地从事资源开采、劳动密集的经济活动，其技术含量、资金含量相对较低，其附加价值率也相对较低，而产业链下游企业更多地从事深加工、精加工和精细加工经济活动，其技术含量、资金含量相对较高，其附加价值率也相对较高。目前，各国资源开发地一般都尽量使产品成为"产业链条终端产品"，以便增加经济效益。为增加经济效益，榆林的产业结构改进，当然也要尽可能地向"产业链条终端产品"的目标迈进，即努力使产业结构达到尽可能多地增加榆林经济效益的目标。

另一方面，传统经济是"资源—产品—废弃物"的单向直线过程，产业链的源头是资源，其生产观念是最大限度地开发利用自然资源，最大限度地创造社会财富，最大限度地获取利润，体现着"高投入、低产出，高消耗、低效益"的发展模式。这种产业链发展模式越来越受到质疑。"循环经济产业链"越来越受到人们的重视。从产业结构看，建立"循环经济产业链"，即要使该经济结构中一个产业的余料、废料成为另一产业的原料，力求从产业结构上最大限度地利用资源。这意味着，循环经济强调"低开采、高利用、低排放"，遵循生态学原理，合理利用自然资源和环境容量，在物质不断循环利用的基础上发展经济，使经济和谐地被纳入自然系统中，实现经济活动的生态化，其核心是贯彻"减量化原则"、"再利用原则"和"再循环原则"。通过构筑资源循环利用产业链，尽可能地利用现代科技，建立起生产和生活中可再生利用资源的循环利用通道，达到资源的有效利用，减少向自然资源的索取，实现经济、社会与生态的和谐统一，使人类在良好的环境中生产生活，真正提高人类的生存质量。

2. 榆林市"产业链条终端产品"框架和循环经济产业链的构建

（1）"产业链条终端产品"框架要求

作为一种产业结构，"产业链条终端产品"框架建设，要力求延长既有主导产业的产业链条，力求尽可能多地对上一环节追加劳动力投入、资金投入、技术投入以获取最大的附加价值，使该产业链持续延长。

（2）"三大"循环产业链

发展循环经济、低碳经济是当前转变经济增长方式、构建和谐社会的重要战略，也是榆林中小企业发展的必然选择。循环经济包括全社会层面的循环经济模式、区域层面的循环经济模式、单体层面的循环经济模式。榆林市在能源化工基地建设中，已经认识到发展循环经济的重要性，"十一五"时期榆林被列为国家循环经济试点市，循环经济工作得到全面展开，目前试点园区和企业循环经济模式已初步显现，清洁生产、节能减排工作已经取得较大进展。

（3）主导产业综合利用产业链

综合利用产业链是指园内各企业和各装置产生的各种废弃物，可作为其他企业、装置原料用的直接回收利用，不可以直接回收利用的进行再生处理，经再生处理后循环利用，实现社会效益和经济效益的统一。

a. 废渣（气化炉渣、锅炉渣）→基地锅炉作燃料、基地水泥厂作原料、基地煤渣砖厂制砖。

b. 废气→基地热动力锅炉作燃料、焦炉炼焦用燃料、回收制氨。

c. 废水→生化处理→闭路循环→基地装置冷却循环水、炼焦熄焦用、炼焦配煤用。

（4）太阳能光伏产业链

太阳能光伏产业链包括多晶硅原料生产、硅棒/硅锭生产、太阳能电池制造、组件生产、光伏产品生产和光伏发电系统等环节（见图5-1）。产业链中，太阳能电池是最重要的生产环节。目前，世界上太阳能光伏电池90%以上是以单晶硅或多晶硅为原材料生产的。

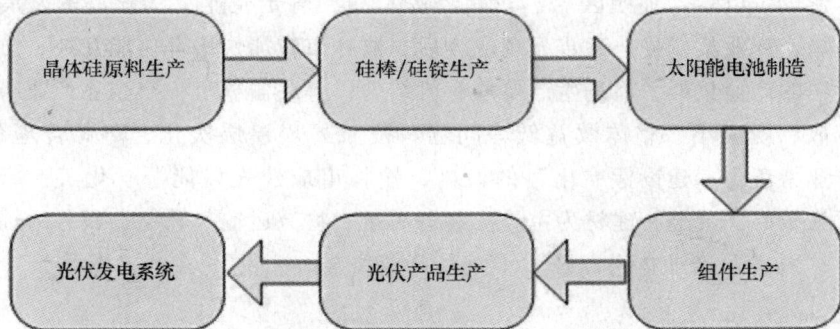

图5-1　太阳能光伏产业链示意图

　　目前中国的太阳能光伏产业链存在较大问题。首先，从产业链各环节看，技术发展参差不齐、产能供需存在缺口，制约产业健康发展。从国内太阳能产业链内部来看，太阳能光伏技术整体水平不高，核心技术多依赖国外。其中源头多晶硅材料生产技术工艺较低，中端太阳能电池制造技术自主创新能力不高，下游光伏发电集成技术不逊于国外，但下游光伏产品应用市场尚未打开，应用水平较低，产业链各端供需差距较大。长期来看，这种产业内部供需不平衡、产业自主研发能力低的状况，不利于中国太阳能光伏产业的健康发展。其次，从产业链整体看，中国太阳能产业集中在中部，两端在外，整个产业规模化程度不高。从整个行业发展状况看，中国太阳能产品生产居于世界前列，但制约整个光伏成本的原材料生产却高度依赖国外，同时，具有高附加值的产品应用也大部分出口，形成"两头在外"的格局。在太阳能光伏产业中，中国成为太阳能产品加工厂，从产品末端看，中国光伏产业发展缓慢，远不及国际发达国家水平，实现产业规模化尚有距离。

　　战略突破向来是在无望处现出希望。在强力资助推进技术研发且给予一定补助的前提下，榆林太阳能产业发展可以建立太阳能发电、入网系统，"利用新能源，减少碳排放"，逐步改变中国新能源"两头在外"的现状。

三　产业集群发展及产业园区建设

　　产业集群是工业发展到一定阶段的重要组织形式，是中小企业集聚发展的必然结果。"十一五"期间，榆林市中小企业结构调整步伐加快，初步形成了以"产业园区"、"块状经济"和"骨干企业"为核心的发展新格局，产业集群优势逐步显现。今后，榆林市应加快培育功能互补、协作有序的产业集群，促进生产要素有机结合，解决榆林市中小企业产业布局分散、规模小、整体效益低等问题。按照"规模层次化、布局合理化、产业特色化、建设标准化"的原则，榆林市应建设以能源、化工、新能源为核心，冶金、建材为主导，装备制造、物流运输、轻工、服务为辅助的"九大"产业体系以及"十大"产业集群。

表 5 - 2　　　　　　　　　　　　榆林产业集群设计

序号	产业集群	规划内容	规划目的
1	煤炭	依据资源禀赋，实施布局调整，重点开发神府、榆神、榆横矿区；合理安排煤炭产能建设，新建高产高效矿井，联合改造中小煤矿，提高产业集中度	走资源利用率高、安全有保障、经济效益好、环境污染少和可持续发展的煤炭工业发展道路
2	电力	加快发展大型高效机组，关停小火电厂，降低能源总消耗量，提高电力技术装备水平	以规划区丰富的能源资源为依托，做大做强电力产业
3	油气	依托榆林丰富的油气资源，由大企业引领，通过煤—油（气）综合发展，实现煤化工与油气化工的有机结合	提高资源的利用率，减少碳排放
4	煤化工	以煤气化、煤焦化、煤液化为龙头，实施清洁煤技术和新型煤化工技术，重点发展现代煤化工产业，积极发展煤化工下游深加工产品和煤基多联产，适度发展煤制油	实施煤化工带动战略，实现资源优势向产品优势的转化，形成煤化工产业集群
5	盐化工	以榆林岩盐资源为依托，配套重大能源化工项目，推进盐资源开发、盐化工与煤化工相关产业协调发展，努力延长产业链；充分发挥原盐、煤、电力、水资源综合优势，集中建设煤—电—盐—化一体化的大型盐化工项目	实现生产要素的有机组合，最大限度地发挥规模效益和集聚效益，突出环境保护和资源合理、有序、统一的开发、利用
6	新型能源和可再生能源	以榆林地区丰富的风能、太阳能资源为基础，以科技创新和技术进步为纽带，形成百万千瓦级的风能发电基地和 100 兆瓦太阳能发电基地，有序发展水电和生物质能利用，不断提高资源利用水平，实现产业健康有序发展	大力发展低碳经济，调整能源产业结构，建设新型能源和可再生能源产业集群

续表

序号	产业集群	规划内容	规划目的
7	装备制造业	依托榆林能源化工基地，结合石油开采和炼化、煤矿开采及煤制油、煤制甲醇、煤制烯烃等产业的发展，做大做强装备制造业，集中力量发展能源开发利用所需的石油天然气钻采设备、煤炭采选机械、输变电设备、石化非标设备、新能源装备及通用机械设备等装备制造产业	建成装备制造业门类齐全、产品竞争力强、技术水平先进的新型装备产业格局
8	现代服务业	发展有榆林特色的金融服务业、文化创意产业（包括旅游业）、现代物流业、房地产业	成为全面建设小康社会时期国民经济持续发展的主要增长点、缓解就业压力的主渠道，提升国民经济素质和运行质量，实现榆林市跨越发展
9	辅助产业	在轻工、建材、物流运输等产业形成辅助产业集群	在能源化工基地建设的带动下，以提高供应、加强流通、促进就业和提高人民物质文化生活水平
10	特色兰炭	兰炭电石等载能产业作为榆林特色工业项目，采用新技术、新设备和新工艺改造和提升现有产业，应优先发展科技含量高的新技术	据可持续发展的要求，淘汰落后生产能力和工艺，进行资源综合利用

第二节　榆林市民营中小重点企业发展设计

一　中小企业成长工程

（一）榆林市"中小企业成长工程"实施效果

榆林市根据《中小企业促进法》和《国务院关于鼓励支持和引导个体私营等非公有制经济发展的若干意见》等，研究制定了相关政策，引导扶持中小企业健康成长。"十一五"期间，榆林市实施"中小企业成长工程"成效显著，涌现出一批骨干企业，为推动全市中小企业总量增加、规模扩大、产品升级、技术创新和品牌建设，作出了积极贡献。目前有14家中小企业被列入陕西省"中小企业成长工程"骨干企业，其中重点企业8户，分别是府谷县恒源煤焦电化有限公司、陕西清涧县清涧石板文化艺术品有限公司、绥德县自动化养鸡设备有限公司、榆林市光大枣业有限公司、横山县银州综合服务有限责任公司、子洲县盛达养殖（加工）有限公司、陕西米王服饰有限公司、定边县雨润农业科技开发有限公司。目前，榆林已培育成熟5户可能上市的较大企业，其中有1户有望于最近上市。但是，榆林市中小企业的"成长企业"个数在全省处于较落后水平，不仅落后于西安、宝鸡，也落后于陕南三市。这种情况的出现，与榆林市中小企业发展落后的格局一致。

（二）榆林民营中小企业成长目标

1. 榆林中小企业成长规模目标

为进一步完善创新、创业环境，增强中小企业整体素质，促进榆林市中小企业持续、快速、健康发展，榆林市应继续推进"中小企业成长工程"，鼓励引导有实力的中小企业，小而思大，大而思强，富而思进，在竞争中合作，在合作中发展，促进一批小企业进入规模企业行列，一批中型企业进入大型企业行列，使骨干企业成为主业突出、核心竞争力强、法人治理结构完善、产业带动作用大、规模上台阶的经济实体，成为拥有自主知识产权和独立研发能力的技术创新主体，成为讲求质量信誉和产销"精品名牌"的市场竞争主体。以此为基础，榆林中小企业未来五年的成长目标是，每年从1000家销售收入在500万元以下中小企业中选出300家微小企业进行培育，使其从幼小不断壮大；每年从100户规模以上企业中评价认定30户最具成长性的中小企业，引导优化组合，经过五年时间，培育成熟规模以上企业1000户，10户较大型具备上市条件企业，以此为前提，打造榆林非公有制经济100强。

2. 榆林民营中小企业成长产业目标

随着国家西部大开发战略的实施和榆林能源化工基地建设的深入开展，榆林已成为西部经济强市，依靠煤炭能源化工业迅速崛起的榆林，在能源产业升级的同时，推动民间资本投资非能源产业，推动现代农业及服务业等发展，以全民创业实现全民创富，建设绿色榆林，是当前榆林经济社会发展中的重大任务。榆林目前以能源开发主导的经济格局发展迅速，但第一、第三产业受各种条件限制，发展仍较缓慢。今后应将依靠资源的经济增长转变为依托资源发展促进经济增长，以资源深加工项目作为榆林经济发展的"火车头"，培育和发展接续产业，从而实现经济增长方式的转变，更好地促进本地区域经济的协调发展，符合榆林经济保持长期稳定繁荣发展的需要。

（1）以龙头企业为核心抓好配套建设，促进龙头企业与集群内配套企业相互协调和共同发展。

（2）要整合非能源产业，需要在保持目前优势产业持续快速健康稳定发展的同时，鼓励民营资本进入非能源产业，培育挖掘新的经济增长点，做好区域产业结构的梯度升级。

①完善能源重化工的产业配套链，拉长资源产业链条，促进龙头企业与集群内配套企业相互协调和共同发展。拉长产业链，如煤电一体化、煤化一体化、盐化一体化项目，推进科技创新，发展循环经济等。虽然新的工业园区正在将矿产资源开采、矿产资源转化和矿产资源深加工项目全面推进，但其他地区采掘业加工层次大都比较低，与本地区相关产业联系比较松散，乘数作用难以发挥。原煤等资源以低廉的价格源源不断运往外部，对于本地区经济发展却没有产生更多的经济价值。最主要的原因是资源产品的加工多以初级产品为主。所以必须大力提高资源的附加价值，进一步沿着煤电化经营等深加工模式发展。同时要强调共生资源及生产后废料的综合利用，如发展建材行业、减少资源浪费，变废为宝，提高经济效益。同时积极开展产业链招商，以高效、优质的服务，吸引配套企业进入工业园区和产业基地聚集发展。带动和提升金融、物流、信息等现代生产性服务业水平，使民营经济独辟蹊径，创新发展。

②要用工业反哺具有潜在优势的产业发展。榆林的经济发展不能以短期利益来牺牲长远利益，要将近期与长期、比较优势与可持续发展紧密结合起来。但这并不否认应该依托比较优势来进行主导产业的发展。如何实现比较优势与可持续发展战略的结合，那就是在保持重工业快速增长的同时，用重工业的经济积累反哺其他具有潜在优势的产业发展，培育并壮大非能源产业，进而达到一种结构搭配合理、产业优势明显、良性互动的经济发展格局。

一是大力发展风能、太阳能、生物质能的开发利用，优化能源供应结构。调整能源结构、加强节能减排是大势所趋。加快发展清洁能源、可再生能源，有利于构筑稳定经济清洁安全的能源供应体系，也有利于保护生态环境。新能源产业正孕育着新的经济增长点，榆林市要把发展新能源作为应对危机的重要举措，其风能、太阳能、生物质能资源丰富，因此要大力开发相关资源。定边、靖边风力发电装机容量可以达到 326 万千瓦；根据调研显示，在榆林种植一种植物提炼柴油是可以实现的，因此要优化产业结构。

二是以特色农副产品资源为依托，兴办农产品开发企业，做大绿色食品产业。榆林工业化开发较晚开展，又比较注重环境保护，尚未出现影响绿色农业发展的严重污染现象。加之地广人稀，农副产品保持天然的无污染状态，契合目前市场的需求，值得大力开发。在农产品种类开发上，要突出本地农业特色，创建农副产品品牌，发展红枣、绿豆、小米、荞麦、薯类粉条等特色农副产品，加快农业先进适用技术及先进作物品种的推广普及。而且这类产业属劳动密集型行业，可以大量吸收农村剩余劳动力。总之，农产品企业今后必须注意实施有效的产业化经营，全面引入市场化运作方式，引进资金、技术、人才，与国内外权威食品科研机构建立长期合作关系，独辟市场蹊径，创新产品概念，转变营销手段，提高附加价值，扩大消费人群，创出一条农业产业化经营的新路。

三是加快发展旅游产业。榆林富于地方特色的蒙汉接壤带民族文化和绚丽多姿的民俗风情，蕴藏着得天独厚的旅游资源。榆林的红碱淖、白云山、红石峡、镇北台等旅游点景致优美，但是没能像鄂尔多斯、银川等地一样打造出自己影响力较大的旅游品牌。旅游产业更多强调市场化经营，在旅游基础设施建设投资上应向社会全面开放，吸引民间资金进入，从而做出特色，做好品牌，逐步壮大。

四是大力鼓励民营经济介入文化产业发展。随着榆林城市规模的扩张和"两区"、"多园"建设步伐的加快，文化产业如广告传媒、文化休闲娱乐、文化艺术和网络文化服务等也应相应地得到发展，若有可能，可以向西部影视城学习，打造独具特色的文化传媒产业，以突出城市文化符号，配套城市和园区发展需要，满足企事业单位宣传、活动消费。

（三）民营中小型企业成长的促进措施

1. 转变工作作风，实现民"公"待遇

在制定《产业指导目录》时，对各类企业在产业政策、质量标准、环境保护等方面实行统一标准，消除政府在管理和服务中对中小企业的歧视。民营经济组织的人才，应同等享受政府的培训资金，参与政府的培训项目。个体私营等非公有制经济组织人才，可以直接或通过所在单位、人才服务机构，申报专业技术职务，享受国家规定的相关待遇。

要简化办事手续和审批手续，将登记前置审批许可逐步改为后置许可或备案制。适当降低注册资本金要求，放宽对民营经济企业集团登记条件和投资者出资方式；知识产权等无形资产出资额可由双方协调约定等。结合政府机构改革和职能转换，进一步清理和界定现有的行政事业性收费项目，切实减轻中小企业的负担，维护中小企业的合法权益。

2. 放宽民资进入领域，拓宽民营经济发展空间

按照国发〔2010〕13号文件《关于鼓励和引导民间投资健康发展的若干意见》（后文简称国发13号文件）精神，鼓励和引导民间资本进入法律法规未明确禁止准入的行业和领域。规范设置投资准入门槛，创造公平竞争、平等准入的市场环境。市场准入标准和优惠扶持政策要公开透明，对各类投资主体要同等对待，不得单对民间资本设置附加条件。

3. 完善服务平台建设，提供坚强保障

围绕榆林中小企业的创业和创新环境、空间布局和产业结构优化、融资、服务体系建设等问题，强化榆林中小企业局服务职能建设，增强各职能部门之间的协调、沟通和合作，形成"信息互通、工作互动、资源共享"的务实、高效的中小企业管理机制。加强市、区县中小企业服务中心建设，支持各区县、开发区根据中小企业实际需要，建立各类公共服务平台，促进服务机构之间的合作与沟通，构建覆盖全市1区6县和各能源基地园区的中小企业服务机构体系。大力实施中小企业品牌战略，加大对成长型中小企业生产要素的协调和支持，实施成长型中小企业滚动发展新机制，加强对成长型中小企业的预警监测。

4. 财智帮扶结合，推动企业健康成长

榆林市现在实施了很多帮扶措施，尤其是实行的"扶南"举措，对振兴南六县区域经济起到了举足轻重的作用。今后应进一步完善榆林中小企业发展专项资金的使用管理制度，用好政府各类专项资金。除继续"扶南"外，应该更注重智力帮扶，推动企业成长。鼓励有条件的高校、科研机构、大企业建立技术中心，并向中小企业开放，通过联营、投资、参股等多种方式实现授中小企业以"渔"，推动中小企业成长。建立公共技术支持平台，完善枣、羊等特色产业的技术研发中心，鼓励开发技术研

发设施，全面推动中小企业技术创新工程，增强中小企业自主创新能力。发挥市级经济开发区的创新资源优势，促进科技成果向中小企业转移。

5. 多措并举，提升中小企业的现代意识

加强知识产权、行业标准和品牌的宣传培训工作；促进中小企业树立知识产权经营、管理和保护理念；鼓励在专业领域有自主知识产权优势的中小企业形成行业联盟，加强相互交流，增强抵御风险能力；支持中小企业品牌建设，鼓励中小企业积极参与制定行业标准。推动中小企业由落后的产品经营向品牌经营转变。

6. 加强信用建设，提升中小企业信用水平

组建榆林企业信用联合机构，推进全市中小企业信用数据库和信用档案中心建设；开展中小企业征信、评价等工作；推动信用中介机构与金融机构、担保机构的业务沟通，加强信用产品的市场化应用；建立守信激励和失信惩戒制度，引导强化企业信用意识，提升企业信用自律水平，健全榆林企业信用制度。

7. 实施"成长辅助工程"，助推中小企业集聚发展

充分发挥创业基地和孵化器的作用。抓好中小企业孵化器建设和创业基地的试点工作，提升孵化器和创业基地的综合服务能力，创新运作模式，以良好的环境和优惠的政策吸引中小企业集聚创业。

8. 提高对外开放水平，加强对外交流与合作

通过鼓励企业参加国际、国内中小企业发展论坛、融资项目推介会等活动，促进榆林中小企业与国际、国内企业的经贸交流与合作；建设中小企业产品展厅，积极发挥对外交流合作中介机构的作用，为中小企业参与国内外展会、论坛创造有利条件；鼓励、支持和引导中小企业进入国际经济体系，参与国际竞争，强化国际经济合作。

9. 培育创业精神，鼓励小型、微小型企业发展

着力在全社会培育创业精神，树立自主创业的意识，激励引导各类优秀人才积极投身于创办企业、发展企业的热潮中。大力实施"创业工程"、"回归工程"，通过完善鼓励创业的政策，鼓励外出人员带资金、技术、信息回榆林创办企业，吸引和带动民间资本向生产领域聚集；在法律允许的范围内，鼓励机关干部、科技人员"下海"创业。大力吸收民间资本回笼投资兴办企业。

发展壮大创业基地，加强创业辅导，推进全民创业，优化资源配置，

实现充分就业，促进经济社会协调发展。要以建设和发展创业辅导基地为重点，为全民创业搭建平台，支持一大批小型、微小型企业顺利创业，促进一批科技型企业高起点创业，形成一批不断生产小型、微小型企业的"工厂"。要围绕创业基地的发展与壮大，建立健全以创业辅导、创业孵化、跟踪扶强为内容的服务体系，为创业者提供创业咨询、信息查询、创业指导、创业培训、申办代理等免费服务，为新办企业提供管理咨询、技术支持、事务代理、资本运作指导、人才培养与推荐、市场开拓等低收费服务，为孵化后的企业继续提供各种非营利性服务。要制定全榆林市的创业辅导基地考核标准，考核命名一批市级示范基地，给予政策支持，规范和引导创业基地健康发展。

今后各级中小企业管理部门应进一步转变职能，加大工作力度，创新服务手段，加强对成长工程重点企业的指导和服务。使重点企业再接再厉，加快技术和管理创新，增强市场竞争能力，在保增长、促就业中有更大作为，为推动科学发展、建设西部强省作出新的更大贡献。

二 中小企业优化重组与集团企业、上市企业发展

尽管榆林市目前还没有一家上市的中小企业，但榆林市中小企业发展的趋势应是：完全有可能产生3家左右的上市企业，同时在政府主导下，使中小企业优化重组，形成若干个较大的企业集团。在这方面，榆林市应该深入推广"府谷模式"，进一步提高中小企业重点企业的实力。

府谷立足当地资源优势，在能源基地建设中，坚持发展民营企业和引进大企业相结合，放手发展民营经济，实现科学发展、跨越发展，形成了受到广泛关注的"府谷发展模式"。它应是榆林推进中小企业实力发展的一个"排头兵"，各级中小企业管理部门和政府都应按如下的"府谷发展模式"推动中小企业实力发展。

（一）推进企业向园区集中，生产要素向规模经营集中

从2006年开始，府谷县以"转变发展方式，提升发展层次，发展循环经济，走新型工业化道路"为目标，提出二次创业，再振府谷，推进民营企业上规模、上档次，实现产业优化升级。大手笔规划清水川、皇甫川、庙沟门、郭家湾四大工业园区，规划总面积58平方千米，总投资700亿元，预计总产值1000亿元。有力推进产业向基地集中、企业向园区集中、生产要素向规模经营集中。

（二）引导企业重组，走集团化道路

引导 400 多户民营企业共同出资，组建了煤业、镁业、煤化工、煤电冶化四大民企集团，开启了民营企业集团化发展之路。以四大集团为实体，搭建起与国字号大企业合资、合作的平台。

（三）多措并举，构建良好金融生态环境

府谷县政府出台《金融机构存贷比考核办法》，完善了考核激励机制；同时将财政资金存放和商业银行对中小企业放贷挂钩，促使银行存贷比达到 70%；县财政出资 3000 万元设立信用担保基金，筹资近亿元组建银丰担保公司；安排 2000 万元中小企业专项发展资金，采取财政贴息、有偿使用、以奖代补、先建后补等办法，配合银行贷款，加大对重点中小企业和重点项目的扶持力度。该县以在金融生态建设方面的创新，于2009 年跻身第五批"中国金融生态县"行列。

（四）以项目为抓手，强化政府服务职能

强力推行"一个项目、一名领导牵头、一个班子服务、一个部门负责、一套方案管理"的"五个一"工作机制，把项目推进和环境保障作为年度考核的重要内容，层层落实责任。在项目审批、土地征用、资金筹措、基础设施配套等方面提供全方位服务。榆林市尤其应该在民营经济力量强大的北六县进行"府谷模式"的推广，为民营经济的发展提供更广阔的空间。

第三节　重点产品、特色产业培养设计

一　地方特色产品培养

（一）地方特色产品现状

1. 轻纺工业

轻纺工业是榆林市历史悠久的传统支柱产业，曾是对全市利税贡献较大、从业人数较多的行业，拥有精纺纱锭 1 万枚，粗纺纱锭 6000 枚。主要产品的生产能力，曾达到年产精纺呢绒 240 万米，粗纺呢绒 60 万米，毛毯 35 万条，精纺绒线 1400 吨，无毛绒 70 吨，羊绒衫 10 万件，羊毛防寒制品 100 多件，在国内外有一定的知名度。

2. 造纸和皮革行业

造纸和皮革两个行业也曾是榆林轻工业的主要支柱产业。以沙柳为原料的造纸生产能力曾达到 4 万吨，皮革生产能力达到 100 万张。20 世纪90 年代以来，榆林轻纺工业开始出现滑坡。"十一五"期间，以农产品深加工为标志的轻工业开始复苏，食盐、酿酒、乳制品、肉制品、枣薯加工、造纸、制药、饲料等产业的优势正在形成。

3. 现代特色农业

"十一五"期间，以"草羊枣薯小杂粮"为代表的榆林现代特色农业基地建设步伐加快，取得了长足的进步和发展。伴随着榆林市实施"5695"工程，榆林市县设立了 3 亿元专项资金支持发展现代特色农业，农业特色产业覆盖面达到 80%，产值占到农业总产值的 70%。已建成世界红花荞麦优质产区和产业化先进区，全国优质马铃薯、春玉米高产区，杂交玉米制种、优质小杂粮和红枣生产基地，初步形成了"四区一带"的产业格局。"四季农业"初见成效，实现了"季季有产品、月月有收入"。2009 年全市粮食产量达到 152 万吨，创历史新高；农业总产值达到120 亿元，是 2004 年的 2.7 倍，年均增长 22%。建成省级标准"一县一业"专业县 1 个、"一乡一业"专业乡镇 14 个、"一村一品"专业村 240个，农民专业合作经济组织达到 760 个。羊子存栏量达到 493.79 万只；园林水果总产量为 63.15 万吨，其中红枣产量达 43.39 万吨，占总产量的68.7%。马铃薯 300 万亩，名优小杂粮 320 万亩，油料 62.5 万亩，蔬菜38 万亩。

(二) 地方特色产品存在的问题

尽管在"十一五"期间，榆林市的现代特色农业发展取得了巨大的成就，但是和快速发展的榆林能源化工产业以及"十二五"农业总产值达到 190 亿元的目标要求相比，榆林现代特色农业发展的差距还很大，还存在下列问题。

1. 企业单体规模偏小，缺乏名牌产品

"十一五"期间，榆林市农产品企业数量不断增多，规模有所扩大。但仍然呈现出"到处郁郁葱葱（企业数量多），少见参天大树（龙头企业少）"的情景。清涧县 2010 年上半年新增民营企业 11 户、农民专业合作社 10 个、个体工商户 372 个，但新增的民营企业从业人员却只有 1780人。以新增从业人员与新增企业、合作社、个体工商户相比，单位企业增加人数少、企业规模偏小。大多数的农产品加工企业为"家庭式"、"作坊式"企业，生产能力有限，品牌意识淡薄，只有极少数的企业在工商

局进行了商标注册。

2. 竞争手段单一，产业链条短

这些企业大多在当地小有名气，销售也主要是靠所有者的关系网进行。比如在调研中有一家粮食酿酒企业的品牌仿山西品牌，由于企业自身实力和其他原因，无论是在本地还是外地市场上的知名度都不高。在山野菜行业中，仅佳县就有"爽口康"、"家家珍"、"五女贞"等品牌，但无论从包装还是品质上都具有同质性，同行竞争激烈。枣业当中，清涧、佳县、吴堡的品牌都有一定的知名度，但缺乏合力，在市场上知名度不高。

部分企业仍停留在手工操作、土法生产的阶段，没有形成深加工的产业链。如大多数枣加工企业产品仍是"洗净烘干"的原构产品；小杂粮加工企业，大多仍局限于作坊式生产，露天晾晒；粉条加工企业销售的产品大多是裸装销售，附加值极低。

3. 有效资金短缺，科技创新不足，企业产品发展乏力

农业企业大多是农产品的初级加工企业，多在农产品成熟期需要购买大量的原料，需要招聘大量的劳动力。造成企业发展资金需求具有"急"、"多"、"险"的特点，很难从银行中获取所需资金。很多企业在急需资金时会选择私人借贷，为企业发展带来更多的风险。同时，进行产品深加工需要大量的资金，很多产品生产出来之后需要长期储存才能销售，这会造成资金回收较慢的局面，如粮食酿酒、枣业深加工等都需要大量的资金储备，这也成为困扰企业发展的瓶颈。

由于近年来榆林"重工轻农"的发展模式，在农业科技上的投入严重不足，缺乏科研机构和中心。以枣业为例，榆林是中国重要的枣产区，红枣种植面积200多万亩，枣的品种多达70种，但优良品种不足10%。中国出口的枣主要以河北和山东的金丝小枣、河北的婆枣和赞皇大枣（主要以蜜枣和枣酱形式）、河南新郑的鸡心枣和灰枣、山西稷山的板枣等为主。目前国内规模较大的红枣科研机构、生产企业逾40家，主要分布在北京（4家）、河北（8家）、山西（6家）、山东（8家）、新疆（6家）。榆林（甚至陕西）没有一家专业性的枣研究机构。

4. 支撑体系建设滞后，季节性制约明显，用工困难

榆林是中国首个能源化工基地，在能源化工产业发展方面具有极大的优势和利润空间。因此，长期以来，相关部门一直突出强调能源、化工产业的发展与规划，而对于农产品加工业重视程度不够，在政策倾斜、资金

扶持、科技投入、宏观指导等方面都很薄弱，影响了该产业的发展。

大多数农产品季节性明显，加工储存压力大。以枣业为例，如果枣成熟的季节降水较多，常会造成红枣裂变、霉烂，给枣农造成巨大的经济损失。如 2007 年的一场连阴雨，致使 70%—90% 的红枣腐烂，直接经济损失达 7.36 亿元。在调研中也有企业反映在枣成熟采摘后需要大量的劳动力来进行枣的烘干工作。但是由于就业观念、工作性质等原因，很难招到工人。即便是深加工企业也面临如何科学储存原料、留住工人的问题。

（三）地方特色产品发展设计

草——依托退耕还林还草政策，稳固现有成果，大力种植紫花苜蓿等优质牧草，严格封山禁牧，加大对草种、打运贮工具的补助力度，鼓励和扶持畜草加工企业的发展，到 2015 年，新增人工种草面积 90 万亩，形成饲草加工能力 30 万吨，实现产值 2.7 亿元。

养殖——以羊、生猪、肉牛、家禽、兔的养殖为重点，不断加大良种引进、技术培训、圈舍建设、疾病防控等方面的投入，引导和支持养殖产业向高产、高效、高品质、高附加值方向迈进。到 2015 年，力争南部县羊子存栏达 169 万只，生猪存栏 30 万头，牛 5 万头，家畜 400 万只，养殖产业实现产值 6 亿元，占农业总产值的比例超过 40%。

红枣——以沿黄河优生区和无定河中下游、大理河两岸适生区为重点，扩大红枣种植面积，重点支持低产园改造和有机、绿色认证工作，积极引进推广优良品种。到 2015 年，力争红枣保有面积达到 200 万亩，年产红枣超过 55 万吨，产值突破 23 亿元，初步形成红枣产品类型多样、比例协调、效益良好，具有较强竞争力的红枣产业体系。

马铃薯——大力发展沿河川两岸山势较为平缓地区的马铃薯种植业，努力扩大种植面积，加大良种推广普及投入，改造现有中低产田，提高产量，形成规模，每年新增种植面积 6 万亩，到 2015 年，马铃薯种植面积达到 130 万亩，产量 34 亿斤，实现产值 14 亿元。

小杂粮——南部县绝大部分区域属于旱作豆类、小米等小杂粮的优质适生区，产品品质优良，市场前景广阔。在现有基础上，每年新增种植面积 3 万亩，到 2015 年，总种植面积保持在 130 万亩，产量达到 12 万吨，实现产值 2 亿元。

中药材——要不断改善和提高中药材种植条件和技术，在现有基础上，每年新增种植面积 5 万亩，以龙头企业为引领，形成产量规模化、产品多样化、经营品牌化的中药材种植和加工基地。到 2015 年，中药材种植面积达到 20 万亩，黄芪、黄芩、板蓝根、甘草等中药材产量达到 2 万吨，实现产值 1.5 亿元，中药材加工业产值力争突破 2 亿元。

蚕桑——大力发展吴堡、绥德、子洲一线蚕桑产业，通过新栽、改造等手段，扩大桑园面积，提高品质，加大养蚕、烘蚕设施的投入力度，扩大蚕茧产能，提高蚕茧质量，力争到 2015 年，实现桑园保有量 60 万亩，年养蚕 10 万张，年产蚕茧 4200 吨，实现产值 8400 万元。

果业——大力发展以米脂、绥德、子洲为主的小杂果种植区，引进优良品种，扩大栽植面积，提高产量和质量，形成市场规模效应，到 2015 年，小果、山地苹果、李子等小杂果栽植面积达到 90 万亩，产量达到 18 亿斤，产值实现 26 亿元。

二　文化创意产业培养

（一）文化创意产业发展现状

榆林市目前的文化创意产业基本是以原有的文化资源为基础发展起来的文化产业，概括起来有三部分：一是以文化与社会旅游为结合点的文化旅游产业模式；2010 年榆林市投入 1 亿元人民币进行旅游规划，促使旅游业破冰。二是以原有产业为基础发展起来的影视、网络、书报刊发行、民间艺术、演出、艺术培训、文化娱乐等产业。三是以地域文化资源为依托形成的以剪纸、石雕、刺绣、泥塑、书法、绘画为主的地方民间艺术业。

目前，有收入的艺术团体有 14 个，影剧院 14 个，电影发行放映公司 13 个，艺术学校 1 所，新华书店 12 个，书刊发行企业 196 家，印刷企业 259 家，歌舞娱乐场所 207 家，音像经营单位 231 家，网吧 76 家。全市有报社 1 个，电视台 13 个，电台 1 个，广电网络公司 11 个，旅行社 40 家，有收入的旅游景点 15 个，还有分布城乡数十家民间石雕、石刻、剪纸等个体企业。

近几年来榆林市文化产业中非公有制企业所占比重、从业人员所占比重、营业收入所占比重不断提高，网吧、歌舞厅、石雕艺术品、剪纸等全为民营，民营文化企业档次不断提高。其中全市 76 家网吧年营业收入达 10000 多万元，从业人员 800 多人；绥德县石雕加工企业年营业收入 800 多万元，从业人员 570 多人，销售网络遍布全国。民营图书超市，辐射全市。

由此可以看出，榆林真正意义上的文化创意产业还是空白（由于旅游业规划是由榆林市统一规划，故在这一部分基本不涉及旅游业的内容），但具备了发展文化创意产业的基础。其中，榆林的许多文化产品（如剪纸、石雕等），还是具有影响力的。

（二）文化创意产品存在的问题

榆林的文化创意产品目前还基本上是空白。未来榆林发展文化创意产品面临如下问题。

1. 管理体制问题

文化创意产品管理部门涉及众多，不仅仅有文化部门、广电部门、旅游部门、工商部门等，还有众多的关联部门，应该形成统一的文化创意产业领导与协调机制，为文化创意产业创造一个良好的发展环境。

2. 思想观念问题

由于榆林丰富的能源资源，各级政府的关注点和开发投资的重点大都放在能源化工需要的基础设施建设和环境建设等领域，一段时间内不重视文化产业。在很多人的心目中，像剪纸、石雕、陕北民歌等，都属于小打小闹的行业，对它们的艺术价值、产业化价值认识不足。很多人不愿意从事这些行业，许多技艺濒临失传，如从事榆林泥塑、木雕、木刻等传统行业的能工巧匠、艺术大师很少，而且多为老人。

（三）文化创意产品设计

1. 以民间文化企业为依托，建立陕北文化创意产业园，促生现代文化创意产品

要敢于进行大投入，建立大型文化创意产业园，促生现代文化创意产品。作为其起步动作，可以现有知名度较高的民间文化企业如陕北婆姨剪纸艺术有限公司、榆林伟创历史博物馆等为依托，建立陕北文化创意产业雏园。在园区内建立榆林历史博物馆、榆林民间艺术博物馆、榆林民间艺术培训学校、榆林民间艺术研究生产基地、动漫游戏产业基地、数字出版传媒产业基地、影视室内拍摄与制作基地、手机娱乐产业基地等，挖掘拯救一批宝贵的历史文化遗产，建立起非物质文化遗产保护体系，发展一批具有综合市场竞争力的文化企业，打造一批强势文化品牌和产品。

2. 融现代科技与传统文化于一体，发展当代文化创意产业的"品牌"产品

榆林是陕西省最北部的一个地区，地跨黄土高原和毛乌素沙漠，历史上是少数民族聚居之地，先后有 20 多个少数民族在这片土地上进退出入，形成了这里独特的历史和文化。以边塞文化、游牧文化、红色文化、黄土风情文化为主要内容，借助现代科技手段，创作一批具有鲜明时代特征与榆林地方特色，在国内外具有重大影响，为广大人民群众所喜闻乐见的动漫、影视、书画作品，塑造别具特色的榆林形象。如通过将最原生态的剪纸艺术和最时尚的动漫技术结合，以保家戍边的杨家将故事为蓝本，创造榆林动漫、网络游戏等。改变许多非物质文化遗产仅仅应用于逢年过节或婚丧嫁娶的民间传统和只是作为"展品、礼品、装饰品"的现代地位，实现产业升级。同时还可做到"小产品，大市场；小企业，大舞台；小成本，大营销"，提升榆林在国内外的影响。（可参考广东动漫产业《喜洋洋与灰太狼》）

3. 以县域文化资源为载体，打造中国"好莱坞"及其文化产品

榆林是沟通陕、晋、内蒙古、宁的重要中心节点城市。榆林要整合红碱淖、统万城、长城以及相关民俗文化资源，塑造出龙头产品和打造出精品项目，加快"榆—米—绥"文化廊道的建设，打造中国的"好莱坞"。

各市区县要充分挖掘自身的历史文化特色资源并展示其魅力，精心策划和打造品牌产品，塑造特色浓郁的市县文化形象。各文化产业板块和主题园区要形成各自明确的文化主题和产品体系。尤其是南六县更可借文化之优势，走出特色之路。如佳县可着重塑造"东方的卢森堡"，"毛泽东扭转乾坤之地"的形象；米脂县在历史上形成了"文化县"、"美人县"、"英雄县"的美誉，可借此衍生出系列产品。

4. 以榆林文化精华为源泉，构建文化创意产品及其主题模式

从世界各国文化创意产业的发展中可以看出，结合本土的经济特点，挖掘本土文化，不仅能迅速提升传统产业附加值，而且能够触发与之相关的创意产业链的形成，带动一系列相关产业群的形成。榆林文化创意产业应以榆林文化的精华为基础，注入时代元素，融入产品与服务中；把文化创意、高新技术和市场需求有机结合起来，先在国内掀起"陕北风"，后借势开拓国际市场。结合榆林的社会经济特色，榆林创意产品的主题可初步设计为：保家卫国主题（杨家将）、红色文化主题（中国近代革命）、

边塞风情主题（沙漠文化）、绿色能源主题（能源工业发展）、黄土风情主题（黄土文化）等。

三　品牌培养

品牌是目标消费者及公众对于某一特定事物心理的、生理的、综合性的肯定性感受和评价的结晶物。近年来，一些意识超前的企业纷纷运用品牌战略的利器，取得了竞争优势并逐渐发展壮大，从而确保企业的长远发展。在科技高度发达、信息快速传播的今天，产品、技术及管理诀窍等容易被对手模仿，难以成为核心专长，而品牌一旦树立，则不但有价值并且不可模仿，因为品牌是一种消费者认知，是一种心理感觉，这种认知和感觉不可能被轻易模仿。

（一）榆林品牌与名牌产品现状

由于榆林市的文化创意产业目前还基本上是空白，因此榆林市的品牌和名牌产品主要以现代特色农业和农产品加工及轻纺工业为寄托。轻纺工业已形成了一批名牌产品和具有竞争力的企业，靖边芦河酒业集团总公司的"芦靖"牌白酒、清涧巨鹰枣业有限公司的"巨鹰"牌滩枣、榆林第一毛纺厂的"绣鸡"牌纯毛绒线等荣获陕西省名牌产品称号；榆林市羊老大集团服饰有限责任公司的"羊老大"牌服装、子洲金谷酒业有限公司的"港洲"牌白酒等荣获陕西省著名商标。此外，榆林有许多知名特色产品。

1. 大明绿豆

绿豆是榆林传统种植的主要食用豆类之一，栽培历史十分悠久，分布极为广泛。全市东南西北都有种植，面积约4万公顷，主产区集中于市北部。其中，面积较大的依次为横山县、佳县、神木县、府谷县和榆阳区，近年来南部的米脂、绥德发展速度较快，其余各县也都有零星种植。大明绿豆已成为产区农民重要的经济增长点，也是榆林创汇农业的主要特色产品之一。

2. 三边荞麦

"三边"指靖边、定边和安边三地。"三边荞麦"泛指主要产自陕北定边、靖边、吴旗、志丹等县的荞麦。在出口贸易中，也习惯于将产自这些地区及甘肃、宁夏相邻地区的荞麦，称为"榆林荞麦"，是中国三大出口荞麦产品之一。

3. 黄河滩枣

中国黄河沿岸的滩枣，中外出名。陕西榆林市红枣种植已有 3000 多年的历史，自然地理条件和红枣的生物性质决定了其黄河沿岸是红枣天然优生区。目前，清涧、佳县、吴堡等是主要的枣种植区和产区，当地群众收入的 70% 来自红枣种植及红枣的深精加工。

4. 横山羊肉

横山是全国白绒山羊养殖大县，还是"中国山羊板皮生产基地县"、"绒山羊标准化生产示范县"和"陕北白绒山羊育种基地县"、"中国百县优势特色陕北白绒山羊生产基地"。截至 2010 年 3 月，全县羊子饲养量达到 130 多万只，存栏达 66.1 万只，出栏达 65 万只；年产值达到 4.29 亿元，已建成羊肉加工企业 8 个。"横山羊肉"已申报成功"全国地理标志保护产品"。

5. 子洲黄芪

子洲黄芪色正、根直、质优，素有"子洲芪"美称，远销日本、香港、东南亚等国，深受国内外客商青睐。全县年产 800 吨。

6. 米脂小米

米脂县位于榆林地区中东部、无定河中游，以"地有米脂水，沃壤宜粟，米汁淅之如脂"而得名。古代县境辖域较为宽广，含榆林、横山、子洲、绥德县部分地域，约是现今面积的三倍。米脂县地貌属黄土高原丘陵沟壑区，呈现西北斜向的"凹"字形。特产小米、洋芋、佳米驴，特别是小米种植历史悠久，所出产小米粒饱、色泽金黄、质优味佳，可制米糕、米酒、米茶多种食品，又是小米薄酥脆的主要原料，名重一时。

7. 榆林豆腐

榆林豆腐有悠久的历史。远在明代，榆林古城为长城线上的九边重镇之一。随着城市的扩大，兵民日益增多。但是，由于塞外副食品缺少，居民就用普惠泉流出的桃花水做豆腐食用。食之白嫩、细腻，味香可口，口感极佳且具有特色，与外地豆腐不同，慢慢就成为军民日常生活中不可少的食品之一。榆林豆腐是用优质黄豆和"桃花水"磨制加工而成，点豆腐不用传统的卤汁而是用酸浆，故而做出的豆腐色白、嫩软、韧细、味美。相传当年康熙皇帝巡视榆林时，当地名厨上了此菜，味美鲜嫩，皇上赞不绝口，名之"清香白玉板，红嘴绿鹦哥"，从此名传古今。

8. 榆林"小杂粮"

榆林南六县的传统粮食作物主要有高粱、糜谷、黄豆、玉米、小麦（今已极少种植）等，共同构成榆林的小杂粮体系。

（二）品牌与名牌产品存在问题

1. 缺乏战略规划，名牌不"鸣"

在榆林众多的特色产品中，缺乏统一的战略规划，致使同业竞争激烈，难以成名。

以枣为例，枣是中国的特有果树，中国也是世界上枣的最大生产国和枣产品唯一出口国。世界各国栽培的枣均引自中国。红枣种植面积主要分布（以种植面积排序）在河北、山东、河南、山西、陕西五省，新疆近年发展势头也很迅猛。据《中国农业年鉴》统计资料，河北、山西、山东、陕西、新疆、河南6省区是红枣主产区，对全国枣的贡献率达90%以上，基本形成了山东、河北、山西"三足鼎立"的局面。黄河沿岸的清涧、佳县、吴堡都以枣业为特色产业发展起了一批以红枣加工为主的中小企业，形成了一定的市场优势。但是整体上联合不强，在市场上和延安枣、山东枣、河北枣等的竞争优势不强。建议今后应做整体战略规划，做大做强黄河滩枣品牌。

2. 资金投入不足，发展乏力

长期以来南六县经济较为落后，很难有大量的资金投入产品开拓和整合。再加上农产品加工业季节性的特点造成的资金周转量大、风险高、利润低（和能源化工产业比较）等因素，很多外来资金不愿进入。所以，特色产品的有效投入不足，严重影响产品的发展。

3. 缺乏市场意识，"养居深闺"

由于地处偏僻和观念制约，再加上很多企业还处于起步阶段，规模小，市场意识不强，仅有的市场多是"熟人"市场，自身开拓市场的能力较差，很多特色产品属于"养在深闺人未识"的阶段。如因"米汁淅之如脂"而得名的榆林（米脂县历史上含榆林、绥德等地）仍然自豪于自己的历史，但同属陕北的延安小杂粮已经以整体包装的方式走向了市场，延安小米更是名甲天下。

（三）榆林品牌产品与名牌产品培养设计

鉴于榆林的区域特色和历史文化特色，榆林今后的品牌应该在大陕北、大沙漠上做文章，让榆林的产品带着绿洲的概念走出去。

1. "鼓允限淘"并行，特色品牌合作共生

榆林市要整体考虑全市的特色产品优势，确定各区域的主导品牌。建议由政府指导下的行业协会，对行业企业进行普查，摸清产品家底。对企业按照鼓励发展、允许发展、限制发展和淘汰整合的方针，建立行业的"联合品牌"，使各个企业的产品合作共生，建立榆林的大品牌。以枣为例，从中国枣的分布可以看出，黄河沿岸是最适合枣生长的区域，所以以榆林枣产品可以联合延安、甘肃、宁夏等区域，共同以"黄河滩枣"为品牌，让各种枣产品带着大西北的符号走向市场。

2. 做好战略规划，整合优势开拓市场

榆林市应该针对特色优势产品做好战略规划，从产品源头（种植、养殖）提升质量，延长产品的产业链，提高产品附加值，整合优势合力开拓市场。如以榆林豆腐为例，可以凭特殊的原料（沙漠桃花水）、独特的生产流程（不是传统的卤水点豆腐，而是酸浆）命名为"桃花豆腐"或"绿洲豆腐"，并衍生出一系列的桃花或绿洲豆制品来"鸣"扬天下。

3. 政企工农联动，实现区域协调发展

榆林市从上到下应该意识到对特色产品进行整体规划，实现南北共同发展的重要性。实施"政府推动，企业带动，工业反哺，农业配合"的四轮驱动方针，重点培养横山羊、黄河滩枣、小杂粮、桃花豆腐、子洲黄芪等品牌产品，实现区域的协调发展，建立沙漠中的"大绿洲"。

第六章　榆林市民营中小企业的科技创新

科技创新这个概念的内涵和外延十分丰富，创新通常指淘汰旧的事物，创造新的事物。创新这一概念是由美籍奥地利经济学家约瑟夫·阿罗斯·熊彼特在1912年首先提出的。科技创新始于研究开发而终于市场实现。所以从广义上来说，科技创新是指科学研究和技术创新，是创新者运用和开创新的技术、新的观念，或者运用新的经营管理模式和生产方法，开发新产品，提高产品销售，提供新的服务技能来满足人民需求的重要途径。

民营中小企业是中国经济体系的重要组成部分，已成为中国新的经济增长点。科技创新又是中国企业在知识经济时代面临的现实选择，是企业生存和发展的基本前提。在中国，民营中小企业尤其是科技型民营中小企业已经在科技创新中发挥着举足轻重的作用，然而新形势下的民营中小企业科技创新受到很多制约，面临着严峻的挑战。因此，榆林市推进民营中小企业技术创新，发挥其在争创经济发展新优势中应有的功效，不仅紧迫而且十分重要。

第一节　榆林市民营中小企业科技创新的重要性

一　为民营中小企业的发展提供可靠保障

从发展的现状来说，各大企业、跨国企业都在积极地开展自身的科技创新活动，其目的就是能够有效地、良性地应对激烈的市场竞争，进而不断在竞争中获得生存、发展的条件。在这样的背景下，如果中国中小企业不积极地开展自身的科技创新活动，势必会跟不上社会发展的脚步，难以满足自身发展对科学技术的需求，最终被淘汰。而换个角度来看，如果中小企业能够及时地认识到社会、市场的发展变化，及时地开展科技创新，就能够全面地推动自身企业的发展，为发展提供可靠的保障。

二　为促进民营中小企业由生产管理型向知识管理型转变提供强劲动力

从大企业与中小企业的对比来看，中国中小企业大多存在活力不足、产品结构单一、产品质量差、经济效益低等综合问题。要想解决这些问题，推动自身企业的发展，就必须不断地对自身企业进行反思，进而客观地认识到自身企业存在的不足，最终及时地给予管理上的弥补，比如说及时地更新、升级自身产品，创新自身的管理、运作模式，等等，而这一系列活动其实就是中小企业由原有的生产管理型逐渐向知识管理型转变的过程，最终全面、有效地提高中小企业的整体水平，强化其市场竞争力。

三　为增强中小企业的核心竞争力提供有力支撑

企业发展的关键就在于人无我有、人有我精。只有这样，才能够不断击败竞争对手，从而获得可持续性的发展条件。而要想实现这一目标，最重要的就是必须不断地实施科技创新，否则就会被竞争对手超越、击败。由此可以看出，中国中小企业只有不断地强化自身的科技创新工作，才能够具有自身的独特性以及不可模仿性，进而不断地整合自身的产品或者服务，为消费者提供独一无二的服务，这样才能够提高消费者对自身企业的归属感、忠诚度，强化自身的核心竞争力，推动自身企业的生存以及发展。

第二节　国外中小企业科技创新的经验借鉴

国外诸多中小企业的生存和发展之道就是不断地进行科技创新。为进一步推动榆林市民营中小企业的科技创新工作，在此特对国外中小企业科技创新的经验进行细致的梳理。

一　加强中小企业人才技术培训

人才培训在中小企业发展中有着重要地位，也是提高中小企业员工素质，增加中小企业创新能力的重要途径。对中小企业提供信息和技术培训也是西方发达国家成功的经验。在美国，中小企业管理局里设中小企业信息中心、退休经理服务团，问询处为中小企业提供各种咨询、培训和技术援助等全方位的服务。中小企业管理局还通过商会、大专院校、中等学校、贸易协会和成年教育小组等向中小企业提供技术、经销及决策等管理方面的培训，开办讲座和讨论会。在日本各道府县的"支援中小企业机构"利用跨区域信息网和各种数据，向中小企业提供经营、技术和信息等各种咨询服务。

二 支持中小企业从事研究开发

为了鼓励中小企业从事研发项目，美国政府从 20 世纪 50 年代起就实行了特别的科研税收优惠政策，20 世纪 80 年代后，对中小企业科研费用的增长额也进行税收冲抵。1983 年开始实施中小企业创新研究计划（CS-BIR），要求开放的研究和研究开发基金超过 1 亿美金的联邦机构要从其研发经费中拿出固定的比例支持中小企业科技创新。据统计，截至 2005 年底，美国有 22 万多家中小企业向中小企业创新研究计划（CSBIR）提交了申请，3.3 万家获得资助，金额达 40 多亿美元。据一项调查显示，65% 的被调查中小企业认为中小企业创新研究计划（CSBIR）项目可以直接提高中小企业的销售额。这些中小企业表示这些销售额的增加得益于中小企业创新研究计划（CSBIR）项目对产品的创新与工艺的改良。81% 的中小企业认为获得中小企业创新研究计划（CSBIR）资助可以从新产品、工艺及服务中获益。近年来，德国研究与技术部每年都向中小企业拨款用于新技术、新产品的开发。

三 促进中小企业与大学等科研机构合作

中小企业技术力量薄弱，所以更具有与大学等科研机构合作的倾向。据美国 SBA 的资料，在没有大学参与的研发中，大中型企业的支出回报率为 30%，中小企业为 44%。美国在 1994 年开始实施中小企业技术转移研究计划（STTR），旨在加强中小企业与非营利性研究机构之间的合作，提升中小企业的研发实力；德国联邦研究与技术部于 2003 年执行中小企业研究合作促进计划，目的在于激发中小企业从事高新技术研究和开发活动的积极性，支持中小企业与科研机构合作；英国政府成立了工业研究协会，专门为中小企业提供科学研究服务，负责审议中小企业的科研成果，向中小企业提供科技资料和试验设备，委托大学和科研机构同中小企业开展合作研究。

四 鼓励中小企业更新设备

中小企业技术装备对于其提高制造能力有着很重要的作用，先进的设备不仅可以提高产品质量，还可以缩短制造周期。所以各国政府都积极地促进中小企业采用先进的设备。主要做法是为中小企业提供设备政策优惠贷款，提高折旧率，给中小企业补贴，如日本中小企业可以获得中小企业金融公库的长期贷款。而提高折旧率不仅可以提高设备更新换代的速度，还可以减少当期的税收。如美国在 80 年代后修改了旧的折旧法，对加速折旧采取了更为积极的态度，缩短固定资产折旧提成年限。德国的设备折旧率也从 10% 提高到 20%。

五 建立和健全政府宏观管理体系

发达国家推进中小企业科技创新的举措充分说明，在中小企业推进科技创新的活动中，不能忽视政府的重要作用。目前中国中小企业正处于发展的关键时期，面临的竞争更加激烈，客观上更需要相关政府部门采取切实有效的措施，加强引导、支持和管理力度，为中小企业创造公平健康的发展环境。首先要切实贯彻落实好《中小企业促进法》，保护中小企业的合法权益。逐步完善与中小企业科技创新相关的法律法规，促进科研成果应用和技术转移的规范化、法制化，为中小企业科技创新营造健康有序的环境。其次是建立和完善推动中小企业科技创新的财政、金融政策。政府部门要加大对中小企业的信贷支持力度，成立相应的担保和保险机构，建立风险投资机制、风险投资基金，为中小企业服务。最后是建立统一健全的中小企业管理结构。

六 建立和完善中小企业的社会化服务体系

发达国家的实践证明，中小企业的发展不仅是中小企业个体、政府的事务，也与整个社会密切相关，社会的力量往往更为有效。中介组织是连接中小企业与政府的桥梁，也是加强中小企业间合作的最好媒介。中国各级政府要有组织地建立中小企业服务中心，并对中小企业服务体系建设给予必要的资金和政策支持；推动中小企业的行业协会、同业工会等中介机构的发展，建立有效的执行标准和监督机制，鼓励和支持科研院所、大专院校等单位为中小企业科技创新提供服务，支持中小企业信息咨询机构的成立和发展，帮助中小企业进行技术转移和提供信息服务。

第三节　榆林市民营中小企业科技创新现状

一　榆林市民营中小企业科技创新的主要特点

"十一五"期间，榆林市民营中小企业在拓宽科技合作渠道、科技创新平台建设、新技术成果示范推广方面取得了一定成效。全市科技进步水平得到较快提升，科技综合实力明显增强，科技对全市经济增长的贡献率达到45%。但是中小企业科技创新远远不能满足经济发展的需求，也由此带来了一系列的负面影响。主要表现在中小企业普遍产业科技含量低、产品附加值低；农业仍以传统生产方式为主，农业产品品种不够优化，农产品深加工能力不足；中药生产缺乏标准化、产业化；能源及化工产业能耗大、污染排放量大，2009年节能减排万元GDP能耗、化学需氧量排放和二氧化硫排放分别下降了4.82个、4.55个和3.28个百分点，均低于陕西省要求；新型能源开发力度不够；高新技术产业发展严重滞后；外向型产品质量不高，出口产品层次低，初级农产品和一次能源资源占到出口总额的95%以上；高技术产业发展滞后等状况在很大程度上制约着榆林经济社会的发展。

二　榆林市民营中小企业科技创新存在的主要问题

(一)资金匮乏制约科技创新

中小企业由于自身条件的原因，决定了其资金不足的状况。技术研发和科研成果的产业化是自主创新的两个重要环节，而这两个环节都需要大量的资金投入，因此，资金不足导致了科技创新能力不能够及时得到提高。一是政府关于科技创新投入不足，2009年，政府投入中小企业科技创新资金仅5000万元；二是中小企业大多面临着自身发展的资金困难，因此绝大多数中小企业在科技创新方面都遭遇融资的瓶颈；三是中小企业融资困难。银行贷款是目前中小企业的主要融资来源。由于中小企业自身具有资产小、素质低、经营能力弱等特点，所以，在进行科技创新融资时，就会遇到很大困难。大多数中小企业，在经营管理、财务管理以及信用等级方面还不能达到各大银行贷款的要求。特别是在中小企业的财务报表上，由于管理混乱，导致银行在确认信息方面很难获得有关企业经营和财务的准确信息，这样，在银行给中小企业进行贷款时就有影响。而且，在银行贷款，需要固定资产作为抵押，而中小企业并没有能够用于抵押的资产。此外，由于中小企业资产少、风险大，担保机构也往往不愿为其担保。

（二）科技人才缺乏，创新成果少

科技以人为本，人才引领技术。人才是创新的根本，榆林中小企业在科技人才方面极其缺乏。一是榆林的区位弱势导致科技人才短缺，中小企业专业技术人员小于4%；二是中小企业人才激励措施不够；三是由于政府管理的缺位和个人信用体系的缺失，使得中小企业员工无序跳槽；四是中小企业不仅很难培养人才，而且也很难留住高素质人才。对于具有一定先进技术知识的人才，由于企业环境的因素，这些人才在发挥自己专业知识的同时，还要兼顾公司其他事务，不能起到专才专用的效果。而且，由于企业背景以及每个地方改革进度的不同，导致了人才在思想上有所束缚。另外，由于中小企业发展空间和发展状况的原因，优秀人才不可能得到充分发挥，造成人才资源浪费。由于企业发展问题，许多优秀人才很难在中小企业长期工作。这样就造成了中小企业优秀人才大量流失的现象。由于严重缺乏创新人才，即使新建企业工艺技术设备水平很高，也往往会造成企业引进消化吸收再创新能力很弱，创新成果很少。

（三）产学研结合不紧密，科技创新体系不完善

一是榆林市产学研共建开发机构和经济实体很少，参加产学研合作企业少。产学研合作多处于自发状态，个人、局部、单一的合作多，有组织、全方位、战略性的合作少。二是科技资源条块分割，资源共享存在体制机制障碍，地方企业与中省驻榆企业科技合作不畅，开放协作不够。三是缺乏服务于中小企业的科技创新载体，科技创新缺少指导和技术支持。

（四）信息资源短缺

在经济全球化的影响下，在企业经营中，信息成为能否在商战中取得胜利的关键因素。由于信息不对称导致两个竞争企业在激烈的竞争中胜负立判的现象比比皆是。中小企业如果想要生产出质量过关、工艺精湛的产品，就必须获得足够多的信息。但在目前，中小企业对信息技术方面并没

有给予足够重视，很多企业都处于封闭式的发展状态，没有获得信息的良好渠道。在有关融资、科技人才、技术等方面的信息都没有足够的获取渠道，更没有组建和形成自己的信息渠道。由于信息化的加快，而中小企业无法对市场信息进行有效掌握，导致了中小企业的落后以及发展的缓慢，这样，针对科技创新的投入往往都不能起到很好的效果。

（五）知识产权发展滞后

创新的技术需要知识产权的保护，中小企业没有能力也没有经验保护自己的科研创新技术，在商业化的道路上也无法与大企业相比。榆林没有设立专门的知识产权管理机构和管理人员去保护自己的科研成果。大多数企业知识产权意识仍然比较淡薄，没有建立起知识产权管理制度；对知识产权在企业技术创新中的作用认识不够；专利申请数量少、质量低，1985年至2007年，榆林市仅申请专利513件，授权462件。在专利申请总量中，发明专利所占比重更小。在维护知识产权方面，中小企业依旧面临着以下两方面的困难：一是由于中小企业没有足够的资金去申请和维护自己的专利，没有时间去对专利申请进行深入研究，会出现一旦人才流失，就会导致核心技术流失的情况；二是由于中小企业没有足够投诉费用，核心技术和科研成果如果被盗，就会造成严重的后果。

第四节　榆林市民营中小企业科技创新发展设计

一　指导思想

坚持"自主创新、重点跨越、支撑发展、引领未来"的总方针，实施"科教引领，创新转型"战略，基本建立以企业为创新主体，以高等院校和科研院所为依托，通过在主导产业、特色产业、重点企业建立工程技术中心和研发中心、建设专家工作站、设立创业科技孵化器，构建科技自主创新公共服务体系；把握科技自主创新的重点领域和关键技术，取得突破性进展，为经济社会跨越发展提供强有力的支撑。全面建立科技自主创新体系，不断提高自主创新能力。

二　总体目标

以促进科技振兴现代农业，大力发展新型能源和现代服务业，提升生态可持续发展能力为目标，增强榆林中小企业自主创新能力及科技促进经济社会发展的能力，完善科技创新体系，开发一批具有自主知识产权的新技术和新产品，专利申请量年增长率不低于50%，取得一批具有重大影响的科技成果，形成一批新的经济增长点。提高科技总体实力，力争使科技对经济增长的贡献率达到55%以上。

三 科技创新重点领域及技术

根据榆林市民营中小企业发展的战略定位，确定科技创新的重点领域应包括：现代农业、能源资源产业、新能源技术、先进装备制造业、高新技术产业、电子信息与物流业、水资源和环境保护7个重点领域。

（一）现代农业技术创新

加大科技对涉农产业的支持。要以科技推动农业发展和农业现代化进程为目标，大力促进优势农产品和特色农业技术创新、生态农业的形成与发展；信息化促进农村地区工业化进程，打造现代特色农业标准化生产基地和农产品加工工业园区。

1. 现代农业技术：高产优质高效农业技术，农业（动植物）新品种技术，农产品加工储藏、保鲜技术，果树园艺木材加工与综合利用技术，秸秆回收利用技术，沙漠现代农业技术，四季农业技术，农产品疫病防控，羊子等牲畜健康养殖，农产品精深加工，农业信息化技术，农业生态安全（农产品安全技术、生态农业、绿色农业），现代农业技术装备与设施等均是农业现代技术创新的重点。

2. 农业产业化：推进特色农业技术创新，包括红枣、羊肉、大明绿豆、荞麦、马铃薯、优质小杂粮、畜牧业等特色农业产业化技术研究。

（二）能源、资源产业科技创新

榆林作为煤气油盐资源大市，应大力加强和煤炭安全生产、开发、利用相关的技术，煤炭高效安全清洁开发利用和煤化工专项技术，石油、天然气生产及其深度转化技术，盐开采及应用新技术等研究。

（三）新能源技术创新

开发绿色能源风能、太阳能、生物质能等可再生资源的综合利用技术。涉及高性价比太阳能电池制备技术、太阳能综合利用技术、太阳能发电成本降低技术、氢能综合开发应用技术、生物质能发电和液体燃料转化技术、重点突破清洁可再生能源的规模化拓展应用技术。

（四）先进装备制造业

以资源为依托，结合榆林现代装备制造园区规划，应重点发展清洁高效的发电技术装备、高压输变电设备、大型煤炭开采设备、石化设备、大型施工机械、油气开采关键零部件、新型农业装备；重点发展综合机械化采煤的技术研究与开发，综采综掘设备配套技术。

（五）高技术产业

一是新材料产业。结合榆林市大力发展建筑业的规划，同时结合榆林建筑原料丰富、能源废弃物可再利用等特点，集中于建筑材料的新材料研发。二是生物与现代中药。榆林中药原料充足，应以中药现代化综合技术开发为主攻方向，加强中药现代化的关键工艺技术和集成工艺技术开发，促进中药的深加工和产业化发展。

（六）电子信息与物流业

一是以信息服务业改造、提升传统产业，加快建设以信息化带动工业化的应用系统平台，推动电子商务的发展；完善信息基础设施建设，大力发展信息服务业特别是网络服务业。二是开发物流条形码技术、EDI 技术、自动化技术、网络技术、智能化和柔性化等技术。三是将专业化、标准化、智能化的物流设施设备用于运输、装卸、仓储等方面。四是建立和发展电子商务特别是"物联网"物流信息化管理。

（七）水资源和环境保护

1. 针对榆林水资源稀缺的节水技术

要加强对与节水灌溉技术相关的旱地节水与坡地滴灌技术等"节水农业"技术的研究；加强对涉及工业废水深度处理与回用关键技术、典型工业企业节水减排技术、节水设备及器具建筑节水等"节水工业"技术的研究。

2. 农业可持续发展技术

包括农村生活垃圾和污水，禽畜粪便综合处置，植物资源的保护、开发及综合利用。

3. 加大能源节能减排环保技术研究

包括油气等能耗限额技术，工业化学需氧量、二氧化硫两项主要污染物排放量削减，能源节约和替代等技术研究。

4. 能源化工下游产品和精细化工产品开发技术

涉及能源化工及下游产品的新型催化技术、一碳化工新技术、高性能聚烯烃树脂合成新技术新工艺等。重点突破以煤、天然气及可再生资源为原料的聚烯烃合成新技术。

5. 生态环境治理与保护的相关技术

加大生态环境治理技术创新推广力度，加强对地质环境保护和地质灾害防治、黄土高原水土流失综合治理、荒沙治理和产业开发技术的研究。

第五节　促进榆林市民营中小企业科技创新的主要政策建议

一　强化中小企业科技创新意识

意识是决定后续行为的先决条件，换句话说，要想最大限度地保障后续科技创新活动的顺利开展，就必须及时地、积极地从根本上强化中小企业的科技创新意识，这样才能从基础上做好相应的思想工作，才能推动、促进中小企业的科技创新活动。具体措施包括以下几点：第一，中小企业领导者、决策者以及管理者必须从本质上认识到社会、市场发展的变化，进而以社会、市场发展的变化为基础，结合自身企业发展的现状，探索出不足、缺陷，最终着力于对企业科技创新发展的认识，端正对企业科技创新活动的态度。第二，中小企业的领导者、决策者必须针对企业自身的发展拟定企业发展的目标、愿望，进而以科学的、合理的以及适应的目标、愿望为切入点，强化自身的科技创新意识，只有不断创新，才能不断鞭策企业向目标前进。第三，中小企业在发展自身科技创新活动的过程中，还应该增强自身的"拿来"意识、自主意识以及机遇意识，这样才能及时把握市场机遇，才能以他人的成功推动自身的发展，才能确保科技创新活动与企业自身的融合。

二　积极筹措资金，加大科技投入

建立多元化、多渠道的科技投入体系。一是确保到 2015 年全市科技投入占全市生产总值的比重达到 3.5% 左右。二是鼓励企业大幅度增加技术开发经费的投入。企业每年用于研究开发的经费应达到销售收入的 2% 以上，其中高新技术企业每年用于研究开发的经费不得低于销售收入的 5%。三是加强面向中小企业技术创新的服务体系建设，设立市高新技术产业发展资金和科技型中小企业发展专项资金，支持科技成果转化及其产业化，鼓励中小企业自主创新。

三　加强科技创新创业载体建设，完善科技创新体系

（一）突出民营中小企业在技术创新中的主体地位

引导和支持民营中小企业担当起创新的"主角"，时刻向科研院所敞开应用的大门，使创新要素向企业集聚。鼓励企业加大研发投入，提升创新能力。积极扶持科技型中小企业和民营科技企业发展，使之成为科技创新的"生力军"。

（二）加快构建以企业为主体、产学研紧密结合的技术创新体系

科技创新活动是企业发展的重要项目，同样，科技创新活动也普遍存在于高校的教育当中。正是因为这样，中小企业应该加强与高校的合作，这样既能够缓和自身企业科技创新的压力，又能够推动相关人才的培养，从而对社会、企业的持续发展起到重要的推动作用。研究所及高校拥有先进的研究设备和较强的科研优势，所以中小企业应该在共享成果、共担风险的原则上，发挥高等学校和科研院所的科研优势，解决企业发展中的技术难题。同时，科研院所和高校的科研成果需要通过企业平台转化为现实的生产力，所以要充分利用市场机制，拓宽技术合作领域，广泛开展多种形式的产学研联合。

1. 积极引导企业主动参与高校、科研机构的早期研发和重大成果转化，建立一批市场导向、转化便捷的高水平产学研合作基地。鼓励企业与省内外及国外高等学校和科研院所合作建立研发机构、实验基地。

2. 推动企业以资金、设备为要素，省内外及国外高等学校和科研机构以人才、智力和技术为要素，通过联营、参股等多种合作方式，整合优化现有资源，组建技术开发联合体或建立战略联盟，支持中小企业与支柱产业和重点行业的大中型企业联合建立研发中心。

3. 支持产学研联合开展消化吸收和再创新。对重大装备的引进，用户单位应吸收制造企业、省内外及国外科研院所和高等院校参与，共同跟踪国际先进技术的发展，并在消化吸收的基础上，实现国产化。

4. 组织实施技术创新引导工程，榆林科技计划应更多地反映企业重大科技需求，更多地吸纳企业参与。

（三）加快特色产业基地建设

启动特色产业基地创建计划，建设一批产业聚集度高、竞争力强的特

色产业基地。

（四）加快科技基础设施建设

合理布局和建设一批重点实验室和工程技术研究中心，建立开放共享机制。

（五）推行农业科技特派员制度

建立"科技人员直接到户、良种良法直接到田、技术要领直接到人"的科技成果转化与传播的便捷通道，积极推广先进适用的农业技术；加快农业信息化步伐，提高农业机械化水平，丰富农业科技成果推广和服务模式。

（六）充分发挥职业教育和各种培训机构作用

加强对基地农户的技术培训，努力造就有文化、懂技术、会经营的新型农民；鼓励和激励科技人员创办或领办现代特色农业示范基地，发挥典型示范带动作用。

四　大力促进科技成果转化平台建设

一是设立榆林市科技成果转化专项资金并完善其管理办法，积极吸引更多的重大科研成果到榆林转化、更多的创新要素向榆林集聚，努力把榆林建设成为科技成果转化及产业化的重要基地。二是建立"科技成果转化网"并以此为突破口，建立科技创新服务信息平台。通过互联网这个平台，为民营中小企业提供最新的产业技术、经济发展形势、市场动态等相关信息，帮助企业随时把握外部环境的发展变化，为企业提高市场预测和灵活反应能力提供全面的经济和技术信息。该平台应包括政策法规库、科技成果库、企业难题招标库、专家库、科技创新服务中心，并与中创网、省科创网及其他相关城市的科技创新网全面对接。

五　培养和吸引创新型科技人才

人才是企业发展中的重要资源，特别是对于中小企业来说，要想获得更好的生存、发展条件，就离不开人才力量的推动、促进。榆林市强化自身的科技创新人力资源具体的举措包括：第一，加快人才管理体制改革，完善人才培养、引进和使用的政策体系，打破人才部门、单位所有的状况，建立合理、有序、公平竞争的人才流动机制。重点引进具有现代意识、系统知识、创新能力的各类高层次人才，特别是掌握核心技术的科技创新创业人才。第二，建立适合的、有效的激励机制，这样才能不断调动科技创新人才的工作积极性、主动性，从而最大限度地激发这些科技创新人才的潜能，以人才的力量推动工作的开展。重奖有突出贡献的科技人员，制定有利于提高科技人员收入的分配制度，改善科研人员的工作、生活条件。第三，加强中青年专家、青年科技创新学术带头人的培养造就，为科技创新人才营造出积极向上的企业文化。第四，加强实施科技人员继续教育工程，优化科技队伍知识结构，提高科技人才整体素质。第五，还必须健全高层次科技创新人才的服务体系，这样才能不断地满足人才需求。提高人才对企业的忠诚度、归属感，既降低人才的流失率，又强化人才的力量，激发人才的潜能。

六   推进知识产权的管理和运用

加强知识产权管理是保护企业科技创新成果的前提。现实中，不少单位或个人取得了创新技术成果就声称拥有了自主知识产权，事实上既没有申请专利，又没有加以保密，其"自主知识产权"不知从何谈起。更有甚者，如果该技术成果被他人申请了专利并获批准，则自主创新者实施该技术成果反而可能构成侵权。因此，政府行为方面：应该引导和支持专利申请，鼓励创新成果知识产权化。加大对发明专利申请的资助力度，对核心技术申请专利给予特别支持，掌握一批自主知识产权，培育一批知识产权优势企业。企业方面：不仅要关注国家知识产权制度的完善，而且自身更要注重知识产权管理，在企业内部制定较为系统完备的知识产权规章制度，包含企业知识产权的创造、管理、保护及运作等方面的综合机制，为企业的技术开发提供强有力的制度保障。

第七章　榆林市民营中小企业投融资设计

第一节　榆林市民营中小企业投资与融资概况

自 2011 年 8 月以来，随着进一步稳健的货币政策和房地产市场宏观调控的深入，全国民间融资出现了一些新情况和新问题。温州"跑路"成风，中小企业融资难问题凸显；鄂尔多斯高速发展的房地产市场开始趋缓，部分房地产商资金趋紧，民间融资纠纷增加，并引发了一系列社会问题。在这种背景下，陕西省榆林市民间融资保持了平稳的发展态势，对促进实体经济发展特别是民营经济的发展起到了一定作用。

根据典型调研分析，当前榆林市民间借贷资金的具体用途分为：用于煤矿和相关煤化工企业生产经营，主要是一般社会主体如个人直接借出和小额贷款公司放贷的部分资金。用于本地房地产项目投资以及公路交通等建设项目，包括个人或部分融资中介在社会上筹集资金，用于房地产项目投资；也包括个人和亲友集资炒房；由一般社会主体（个人为主）借给民间中介；民间中介借出，被借款人用于"过桥贷款"、票据保证金垫款、验资垫款、票据承兑等短期周转的资金。这两部分借贷债权或资金没有直接进入生产、投资等领域，而是停在了民间借贷市场和银行账户上；社会主体（主要是个人和企业）投向了内蒙古、宁夏、新疆、西安、北京等地，主要是房地产和煤炭企业。其他投资（包括农副产品收购加工）、投机及不明用途等。

一　榆林市民营中小企业投融资现状

（一）投资现状

2008 年 4 月，榆林市委市政府提出聚集民间资本、利用金融手段推动能化基地建设、发展区域资本市场、建立区域性的股权投资基金的思路，并明确提出用"两步走"的办法设立股权投资基金，成立了榆林能源化工投资公司及其控股的创业投资公司。公司采用市场化运营机制，引导聚合社会资金，对榆林能源化工重大项目、地方中小企业、拟上市企业进行股权投资，整合政府在股份制企业中的各类股权，实现本土企业上市，打造跨行业的产业集团。同时，为鼓励中小企业发展，积极改造投融资环境，榆林市还专门设立中小企业发展专项基金、创业基金及信用担保基金。如神木县专门由县财政出资 7000 万元，对农畜产品加工业、困难企业、新办企业贷款贴息，对符合条件的给予无偿投资。

2012 年末，榆林市人民币各种项目的存款余额达到 610.7 亿元，同期增长了 35.37%，其中储蓄余额为 266.83 亿元，较年初增加了 40.83 亿元，同比增长了 18.07%。根据各方调查，由于股市处于相对低迷的状态，加上银行存款利率持续走低，一年期定期存款利率基本在 3.1%—3.3% 之间徘徊，正是基于这几方面的原因，促使多数居民和中小企业有目的性地选择了民间融资。另外，在全市各个县区，出现了大量的个人巨富，他们通过资金原始的积累，让积累的大额资金直接进入了民间市场，这样就使他们直接成为食利阶层。而民间融资足以得到更进一步的扩张正是因为这些充足的资金来源。

（二）融资现状

对 100 个资产在 50 万元—500 万元的中小企业进行的抽样调查显示，95% 的企业认为，融资难是企业发展中最难克服的问题。在被调查的对象中，目前只有不到 25% 的企业的融资方式是银行贷款，但是贷款总额很少，其余 75% 的企业是通过自有资金、民间贷款、向亲戚朋友借款等方式取得所需资金。以全国百强县靖边为例，2007 年全县有工行、农行、建行、农发行、农信社、邮储行 6 家商行或政策性金融机构，只有农信社发放农业及乡镇企业贷款。2007 年各金融机构贷款总额达到 25 亿元，但涉农贷款只有 3.5 亿元，而乡镇企业及私营等中小企业贷款加起来还不到 0.5 亿元。几乎所有的企业都认为，目前的银行贷款手续繁杂，贷款过程中缺少抵押担保，且抵押物要求过高。据省中小企业局数字显示，2013 年前 5 个月，陕西省中小企业、非公有制企业资金缺口达 800 多亿元，其中流动资金缺口 500 多亿元。由于榆林经济在陕西经济中的地位突出，因此，可以推断榆林中小企业发展的资金缺口也是相当大的。

2013 年以来，受整体经济下行的影响，榆林民营经济的增速明显放缓，但民营经济对全市经济的贡献依然巨大，仅 2013 年前 3 个季度，榆林市非公经济占生产总值比重为 38.18%。榆林市委市政府高度重视民营经济的发展，2014 年将启动 3 亿元中小企业发展专项资金进一步扶持民营经济。

截至 2013 年 10 月底，榆林全市非公有制经济实现增加值 909 亿元，环比增长 14.62%；实现营业收入 1692 亿元，环比增长 13.78%；上缴税金 119 亿元，劳动者报酬 109 亿元。从各项主要经济指标完成情况看，都实现了比较好的增长。虽然全市民营经济发展取得了一定成绩，但同样面临许多困难和问题。

其中融资难是制约榆林民营经济发展的关键因素，受民间信贷危机的影响，榆林市民间融资转向低潮，而商业银行手续繁杂、门槛较高。多数民营企业缺乏有效足够的抵押资产，加之，全市民营企业信用担保机构又少，且多数运作不规范，担保面狭窄，担保数额较小，因此，民营企业发展资金短缺，特别是到期贷款偿还周转资金严重不足、压力巨大，维持正常生产经营尚有很大困难，扩大再生产更是难上加难。

在调查过程中还发现，银行放贷难与企业贷款难是同时并存的普遍现象。一方面，中小企业缺乏资金又很难贷到款，另一方面，商业银行存款总额居高不下又放不出去贷款。在遭到中小企业埋怨的同时，银行也很想找到合适的企业把款及时贷出去。在当今世界金融服务体系健全、服务产品名目繁多的条件下，榆林中小企业的融资手段非常单一。90% 以上的企业认为融资就是贷款，而且在融到资金的企业中，95% 左右的资金是通过银行贷款获得的，其余 5% 左右的资金是通过直接入股获取的，此外再没有其他手段。把贷款这一最为初级的间接融资作为主要方式，其他间接融资和直接融资方式得不到有效应用，使榆林的金融服务市场非常单一且缺乏活力。

二　榆林市民营中小企业投融资存在的主要问题

（一）融资渠道不畅，企业融资难

榆林市多数中小企业正处于快速成长期，对资金的依赖性很强，虽然企业发展前景较好，但前期资金投入大，急需大量资金注入企业以促进后期发展。目前，中小企业资金主要来源于自筹和民间融资，成本较高且资金规模有限，导致企业出现了严重的资金断链，严重影响了中小企业的可持续发展。

（二）银行贷款限制多，企业贷款难

由于对中小企业缺乏必要的了解和足够的重视，金融部门普遍认为中小企业存在风险高、成本高、工作量大且收效不大的风险，使得借贷审批手续复杂化。目前，一笔贷款发放大致需要经过信贷员贷前调查、信贷部门审查核准、审贷委员会审批通过等步骤，若加上对抵押物进行评估、保险、公证等中间环节，一笔贷款从申请到发放快则十多天、一个月，慢则两三个月，有的长达半年，贷款发放环节多、时间长。中小企业贷款具有需求急、时效性强等特点，在实际操作中经常出现虽然企业最后得到了贷款，但由于时间长、手续繁琐等原因，企业从主观上仍感到贷款难。中小企业在最急需资金扶持或扩大经营规模时，往往得不到银行贷款支持，失去最好的发展机遇，这严重制约着榆林市中小企业的发展。

（三）借贷来源单一，信用意识淡薄

中小企业的借款主要依靠商业银行贷款和民间借贷，融资方式比较单一，缺乏直接的市场融资渠道，其量占中小企业融资总量的50%以上。而且借款主要用来解决临时性的流动资金，很少用于项目的开发和扩大再生产等方面。从调查来看，企业贷款难的一个主要原因就是许多申请贷款的企业根本不符合条件。榆林市中小企业有四成以上因条件差不能被银行接受，其根源主要有：一是企业由于外部形象差、规模小、产品竞争力弱、资产负债率高等因素，在贷款时往往因先天条件不足被排除在外；二是企业起步发展基础差，组织制度或经营行为不规范，经营结构严重雷同，使金融部门不敢提供资金支持；三是有些企业信用意识淡薄，经营者个人信用和企业信用扭曲，甚至有些企业因逃债、赖债、甩债、废债等行为恶化，成为金融打击、制裁的对象；四是企业自身积累不足，没有有效资产可以作抵押，或者是资产不符合抵押条件，难以取得担保或抵押。

（四）缺乏融资信用担保机制

榆林市在中小企业信用担保体系建设方面，起步较晚，相关的配套政策措施不到位，信用担保基金规模小，相应功能不能得到充分发挥，造成不少中小企业和项目失去最佳的发展机遇。随着神木、府谷民间借贷资金问题浮出水面，人们对信用观念的逐步认识，对担保都采取了比较谨慎的态度，而中小企业本身资产规模较小，导致中小企业贷款担保无法有效实施，严重影响到中小企业的需要。

（五）社会信用环境状况差

目前国家在全社会倡导诚实守信，树立信用观念，建立社会信用体系，但社会信用环境欠缺仍是不争的事实。榆林市部分中小企业因改制后经营不善、无力偿还的因素，也有有钱不还的因素，更有经济转轨面临关闭的因素等，导致贷款逾期、贷款呆滞等现象。信用欠缺一方面加大了社会道德风险，可能引发大范围的信用危机，另一方面无形中提高了银行贷款"门槛"，加剧了贷款难的程度。尤其是 2013 年开始的神木、府谷民间资金借贷问题爆发后，榆林的社会信用已经非常脆弱，更加加剧了榆林中小企业的融资难度。

（六）有关调整劳资关系的法律规定给企业造成一定影响

近几年来，国家相继出台了一系列调整劳资关系的法律法规。这些法律制度对保护劳动者权益、构建和谐社会发挥了积极作用。不过，也有一些规定给企业带来了负面影响，主要表现在：

1. 鼓励高级技术人员和技工服务中小企业的法律法规不健全。不少企业指出，现行法律规定，企业职工辞职，要提前一个月提出申请，用人单位为劳动者提供专业技术培训的，可以与该劳动者签订协议，约定服务期。但在实际生活中，一些掌握专业技术的员工在物色到更好的单位后，领完工资便不辞而别，企业要么束手无策，要么维权成本很高。

2. 有关保守企业秘密规定的可操作性不强。一些高科技企业提出，它们的生存基础就是技术秘密和技术诀窍，而现行的法律法规中关于员工有义务保守企业商业秘密、技术秘密的规定多为号召式的，在实践中很难实现。

（七）行政执法不规范影响了中小企业的健康发展

一是行政审批事项仍然过多、过细。特别是涉及中小企业的设立、市场准入的审批事项过多，未能充分发挥市场机制的作用，审批层级设定过高、审批部门过多，造成审批环节多、审批时限长，因此削弱了中小企业在市场竞争中快速反应的能力。同时，审批标准、条件、时限及操作规程不够明确，审批部门和审批人员的自由裁量权过大。二是针对中小企业的执法检查项目过多、过滥，检验抽取的样品数量过多，明显超过了合理需要，这些都对中小企业正常生产经营造成了严重影响。

（八）外部法制环境不优导致不少中小企业处境艰难

1. 相关立法欠完善。如有的规定操作性不强，融资难问题因中小企业普遍缺乏担保抵押条件而无法解决；有的规定不完善，在征地拆迁补偿方面，中小企业大多依靠租赁承包他人房屋生产和经营，目前拆迁补偿只针对房主，对租赁房屋的中小企业造成的损失补偿无任何规定，不少企业因此生产经营难以维系。

2. 执法服务不规范。与大企业相比，中小企业对各种不规范执法行为的抵抗能力弱，如一些执法部门对它们服务保护少而处罚检查为难多以及一些地方中小企业周边治安环境差，使企业缺乏应有的安全感。

3. 司法保护不到位。一是判决时间长，官司打不起；二是有的裁判不公，经济上承受不了；三是有的地方对中小企业采取强制措施较随意，企业经不起折腾。

第二节　榆林市民营中小企业投融资方式、重点、任务

榆林市中小企业的融资问题，需要政府与银行等金融机构密切合作，金融机构要配合政府按照深入贯彻落实科学发展观的要求，以融资等优惠措施引导中小企业由单一的投资煤炭等资源产业转向"资源节约型"产业，真正转变经济发展方式。政府要不断完善中小企业服务平台建设，理顺中小企业投融资机制，使中小企业投融资体系得到初步的建立并逐渐完善。

一　榆林市民营中小企业融资方式

（一）银行信贷为首选

银行贷款是目前中小企业通过自身努力所能达到并取得生存资金的主要途径。对于榆林市中小企业来说，如果能够不断增强信用意识，改善企业财务管理，提高内部控制水平，加强与银行之间的信息沟通，让银行了解企业的信用和财务状况，积极获取信贷支持，建立一种相互信赖的合作关系，则获得银行贷款是最直接而且便捷的融资方式。

（二）证券融资为最佳

证券融资是中小企业获取发展资金的最佳途径。对于榆林市的中小企业尤其是具有高成长性的高科技企业来说，一方面可以利用市委市政府鼓励中小企业上市融资的优惠政策，另一方面可以利用香港和深圳创业板市

场，学习并创造条件满足两地在服务对象、上市标准、交易制度等许多方面的规定，争取早日上市，获得大量的资金支持。

（三）股权融资成本低

股权融资是指企业的股东愿意出让部分股权，通过增资引进新股东的融资方式。如果中小企业能通过转让股权融资所获得的资金，则一方面无须还本付息，还可以提高股东每股的净收益，另一方面新股东与老股东还可以同样分享企业的赢利与增长，并能提高各项决策的合理化水平。

（四）基金资助为推力

科技型中小企业技术创新基金是一项政策性风险基金，它不以自身营利为目的，它在企业发展和融资过程中主要起一个引导作用。榆林市许多中小企业往往处于创业初期，无论从企业结构、规模、财务状况等各个方面还远远达不到证券市场的要求，且其他融资渠道并不多，这些企业的融资要求可以通过政府的政策支持得以实现。

（五）民间资本为选择

面对 2000 亿的地下金融市场，民间融资也可以作为榆林市中小企业融资的一种渠道。依据各级政府的相关制度和法律法规，中小企业可以合理利用民间资本具有的融资速度快、资金调动方便、门槛低等优势，丰富企业的融资渠道，适时取得发展所需资金。

（六）政府融资平台利用好

2013 年 8 月 8 日，榆林市中小企业服务平台启动，这是榆林市首个专门为中小企业服务的大型综合服务平台。当前经济下行压力加大，民营企业融资难，企业面临发展困境。建立中小企业服务平台，就是要在项目策划、融资、人才培训、企业管理、市场开拓等方面为企业发展提供优质服务。目前正是民营企业调整产业结构、实现转型升级的大好时机，希望民营企业积极进入资源深加工、装备制造、现代农业、旅游文化等产业，实现多元发展。政府将进一步加大对民营企业发展的扶持力度，帮助企业渡过难关，重点包装策划一批适合民营企业投资的项目，为榆林雄厚的民间资本和民营企业提供优质的投资方向。

（七）融资租赁为补充

融资租赁是一种以融资为直接目的的信用方式，它将融资与融物结合在一起。融资租赁对企业信用要求大大降低，方式简便快捷，同时也降低了融资机构的风险。榆林市中小企业处于第二产业的行业比重较大，需要大量的机械设备，采用融资租赁融资可以减轻由于设备改造带来的资金周转压力，避免支付大量现金，而租金的支付可以在设备的使用寿命内分期摊付而不是一次性偿还，使得企业不会因此产生资金周转困难；同时也可以避免由于价格波动和通货膨胀而增加资本成本。

二　重点引导并利用榆林市民间资本

（一）　政府出台具体利用民间资本政策

国发〔2010〕13 号文件是改革开放以来国务院出台的第一份专门针对民间投资发展、管理和调控的综合性政策文件，为 2000 亿元的榆林民间资本，既找到了出路，也指明了发展方向。因此，榆林市在中小企业投融资方面的重点应该放在如何引导并利用民间资本上。2013 年 3 月，为了认真落实《国务院关于鼓励和引导民间投资健康发展的若干意见》（国发〔2010〕13 号）和《陕西省人民政府关于鼓励和引导民间投资健康发展的实施意见》（陕政发〔2010〕48 号），榆林市发布了《榆林市人民政府关于鼓励和引导民间投资健康发展的实施意见》，规定了具体的实施原则和总体目标，通过实施鼓励和支持民间投资的政策措施，"十二五"期间，民间投资占全市全社会固定资产投资比重年均将提升 15 个百分点以上，到"十二五"末，全市民间投资总量将达到 400 亿元，占全社会固定资产投资比重（预计 1000 亿元）的 40% 左右，其中直接融资占比达到15% 以上。

党的十八届三中全会指出，允许更多国有经济和其他所有制经济发展成为混合所有制经济。鼓励民营企业参与国企改革，发展混合所有制经济，是一个互利共赢的选择。有关方面应进一步清理和修订影响民间投资活力的行政法规、部门规章及制度，制定清晰透明、公平公正、操作性强的市场准入规则，明确时间表和路线图，充分考虑民间资本的能力和需要，让民营企业真正进入一些符合产业导向、有投资预期、有利于转型升级的项目，形成示范带动效应。在推动民资进入重点领域的过程中，还必须从思想上破解利益固化的樊篱。民资进入一些行业，自然会冲击该行业的既有利益格局。有些国有企业认为让民资进入是从自己饭碗里"抢食"，因此不配合甚至设置障碍。必须从思想上消除所有制偏见，除了承担国家政策性职能、特许专营行业外，让更多的投资主体进入重点投资领域，使企业真正成为市场竞争的主体。

（二）引导利用民间资本需要注意的事项

1. 加大金融体制改革力度

一是组建地方性商业银行。在严格监管的前提条件下，着眼长远，允许一部分信誉度高、发展情况好、管控能力强的民间融资机构吸收公众存款，组建真正意义上的地方性民营中小银行，彻底放开民间融资，扩大资金来源，壮大民间融资机构的资金实力，以便其更好地为地方经济和中小企业的快速发展提供服务。二是建立政府投融资平台，允许民间资本投资参股，组建信托投资公司等，这样既可以增加榆林的金融业服务机构，又可以引导民间资本找到正确的出路，还可以为榆林本地中小企业融资拓宽来源渠道。三是由政府组建、民间资本参与的担保公司，由于有政府参与，因此银行合作意愿比较强烈，作为弱势群体的小企业可以在这种信誉度较高担保的情况下，更容易地从银行获得贷款。

2. 鼓励引导民间资金直接投资

从民间资本的发展趋势来看，近年榆林本地的民间资本正以担保公司、典当行、投资公司等形式出现，绕过银行体系及监管体系，使得资金借贷趋于表面上的合法化，监管层应疏堵并举，一方面应拓宽正规投资渠道，让普通民众有更为可靠的理财方式，有效引导民间投资回归常规渠道，要引导民间资本设立各种地方性小法人金融机构特别是社区银行、村镇银行等机构，成为银行体系、资本市场等金融主体之外的重要补充，各种金融主体相得益彰，共同促进经济发展；另一方面，要加强监管，力争做到业务透明化、经营合法化、管理正规化，防范民间资本的流动造成地区性金融风险，监管部门负责收集辖区内民间金融信息，定期汇总及分析，不定期调查辖区内大额民间融资的活动情况，及时上报上级部门以便准确掌握民间借贷的规模及发展动向，分析民间借贷对本地经济社会发展可能产生的影响。

3. 完善民间借贷危机处置机制

当民间借贷纠纷大量爆发，已经成为影响地区经济发展和社会稳定的重大事件时，就必须由地方党委政府牵头实施公共危机干预机制，将民间借贷危机纳入规范、有序、高效的处置轨道，具体举措包括：一是确立"行政优先"的处置思路，实现危机高效化解。二是成立处置中心，实施统一管理。建议由地方党委政府牵头成立危机处置中心，统筹协调危机处置各种事宜，形成部门合力调动社会资源，采用债权申报、资产核查、重组整合和统一发布信息，加大宣传力度等稳定人心的行政手段，将危机带来的损失降低到最低限度。三是制定应急预案，防控危机扩大。针对出现民间借贷危机的公司或个人，及时制定应急处置预案，包括人员控制、财产和证据保全、稳定职工及债权人、信息公开等内容。四是要完善信息披露制度，保障公众知情权。

4. 严禁公务员参与民间借贷

榆林市本地公务员参与民间借贷情形较多，他们利用国家工作人员的特殊身份，大肆集资、违法放贷，造成了恶劣的社会影响。因此，要严肃惩处公务人员违规民间借贷行为。严把"惩处关"，以诫勉谈话、通报批评、纪律处分、依法追究刑事责任等严肃惩处以下六种行为：一是利用职权和职务上的影响，向管理服务对象无偿、低息借款或高利出借资金给管理服务对象的；二是利用职权和职务上的影响，以投资或出借资金等形式获取高额收益或固定回报的；三是将自有资金高利出借他人的；四是为高利借贷者提供担保的；五是组织、参与、保护、纵容非法集资、高利借贷活动的；六是公务员与借款方签订"阴阳合同"以及在企业发生经营风险时非正常提取本息逃避风险的。

5. 加强民间借贷风险意识教育

民间借贷手续简便且有高利诱惑，许多人基于投机心理将民间借贷作为投资升值的捷径却忽略其蕴藏的巨大风险，因此，应当加强对公民诚实守信观念、投资风险意识等方面的教育，提示民众注意借贷风险。建议可以通过加强与电视台、报社、网络等媒体的法制宣传合作，引导公民加强风险防范意识，增强民间借贷活动参与者的法律意识；提高企业和群众对非法民间融资活动的识别能力，大力宣传民间金融知识，力争从源头上对民间借贷风险进行防范。

三 国资民资共赢的三种成功"嫁接"模式

国资与民资是支撑中国经济发展的两大支柱，二者实现和谐共处、互利共赢，对经济的健康发展十分重要。陕西、山西等地探索出三种"嫁接"模式，有效实现了国资与民资的对接。

（一）北元模式："国"进"民"不退，都不当老大

2003 年，北元化工公司注册 7000 万元，是一家纯民营企业。公司最早生产的是聚氯乙烯，产品主要销往东北、华北等地。金融危机发生后，

该公司的生产经营受到很大影响，股东们认识到单靠一己之力已经很难做大做强。恰在此时，陕西省大型国企陕西煤业化工集团正在寻找合作伙伴，十分看好北元化工公司。双方一拍即合，于 2009 年 3 月"联姻"，成立北元化工集团，该集团由陕西煤业化工集团与当地 10 户民企和自然人出资成立，股本金为 16.8 亿元。

北元化工集团副总经理李子景认为，之所以能实现国有资本与民营资本的有效合作，主要在于双方在股权上都有一定让步，谁也不当"老大"。

合资后，陕西煤业化工集团占股 40.48%，民营股东占股 59.52%。但这些民营股东并非整体，而是由 10 个股东组成，绝大部分是自然人。这样一来，国企虽是大股东却不控股，10 个民营股东虽是小股东，但加起来股权却比国企大。双方相互让步，实现了股权相对均衡。陕西煤业化工集团没有一味要求控股，消除了民营股东的顾虑，而民营股东们也认可由国有企业派员担任董事长一职。

在此基础上，双方进行生产经营决策时坚持民主原则，避免了矛盾冲突。同时，双方优势互补也是实现有效合作的重要方面。陕西煤业化工集团负责发挥国企优势，为公司发展提供必要的资源和规范化的管理。民企则发挥办事灵活、消费节俭等优势，共同推进了集团的发展。

（二）汾阳模式：贴牌＋托管，实现三方共赢

2010 年 4 月，山西省吕梁市政府与汾酒集团签署战略合作协议，双方决定共同投资 50 亿元，用 3 年时间打造产量达 10 万吨的杏花村酒业集中发展区重点项目。这一项目成为政府引导、国资与民资携手合作的又一典型模式。

据汾阳市副市长谭曰文介绍，当地民间资本与汾酒集团合作，采取的是"贴牌＋托管"模式：民企老板负责投资，项目资产属于他们，品牌共享；汾酒集团拥有项目经营和管理权，负责提供技术进行白酒生产；政府负责立项、核准、审批等各项服务工作，尽快推动该项目动工投产。

谭曰文说，此次合资投入的 50 亿元资金中，有一半来自汾阳市及周边地区的民间资本，这些资金通过新注册成立的中汾酒业投资有限公司参与到杏花村酒业集中发展区重点项目。

中汾酒业投资有限公司董事长白卫国说，中汾公司的注册资金为 2 亿元，30 多个股东几乎全是民企老板。汾阳市政府在得知他们对投资白酒

业有兴趣后，就组织他们对全国的白酒行业进行详细考察，通过走访了解，坚定了这些民企老板的投资信心。在这种情况下，政府引导民间资本与国有资本进行合作，使投资者有了稳定的回报预期，汾酒集团实现了规模扩张，推动了当地经济的发展，实现了"三赢"。

（三）神木模式：国资不当主角，只跑龙套

民营企业在发展的初始阶段，融资难问题较为突出。陕西省神木县创新思路，成立了国有资产运营公司，采取入股扶持、企业解困后再退出股权等方式，为企业发展提供资金支持。这种"不当主角，只跑龙套"的模式，成为当地民营企业发展的助推器。

神木县国资运营公司成立于 2002 年 11 月，隶属于神木县政府，注册资本 15 亿元。公司代表县政府管理、经营国有资产和国家资本金，资金来源主要是政府注入的资本金以及公司经营收入和参股企业分红等，主要任务是以资本运作方式解决县域经济发展，特别是民营经济发展融资难的问题。

据神木县国有资产运营公司董事长高瑞亭介绍，公司主要采取"先进后退"式的参股方式扶持民营企业，即对有潜力但缺乏资金的民营企业，在其创立初期采取入股的形式注入资金，帮助其实现发展后，再将所持有的增值股份退出。这样一来，民企发展了，国有资本也有收益。对于拟扶持的民营企业及其项目，由公司初评，再由县国有资产评估委员会评估，最后由县国有资产监督管理领导小组决定是否投放。

高瑞亭说，截至 2010 年 8 月底，神木县国有资产运营公司代表县政府出资参股 19 户民企，共投入股本金 17.34 亿元，累计实现经营利润 3.06 亿元，其中股权收益 8171 万元，同时公司还帮助企业融资 22.8 亿元。通过资本运作，扶持了一大批具有带动性的骨干项目，产业涉及电力、煤炭深加工、建材、农产品加工、养殖等多个领域，带动完成固定资产投资超过 160 亿元。

全国政协委员、陕西佳鑫集团董事长吕建中认为，虽然当前民间资本在进行各项投资活动时还面临着许多障碍，但应该看到，随着国家对民间投资的重视，以及促进民间投资"新 36 条"的出台，今后的投资环境会越来越好。在这一过程中，应积极探索更多的国资与民资合作的模式，促进中国经济又好又快发展。

四　榆林市民营中小企业投融资发展的任务

（一）政府宏观任务

打造西部能源区域金融中心，建立完善的金融体系和西部能源区域资本市场，以金融创新实现资源优势的放大效应和辐射效应，形成资源优势和金融优势两翼支撑、相互促进的格局，实现对周边城市的吸附。同时完善现有的各项财税政策，加大对中小企业在财税和金融领域的扶持力度。

1. 深化投融资体制改革

作为当前企业融资的主要方式之一的银行贷款，榆林市政府需要进一步发挥商业银行的信贷优势。积极发展银团联合贷款、项目融资顾问、现金流量管理等多种形式，扩大金融服务范围；制定有针对性的贷款政策和管理办法，推行抵押贷款、票据业务、应收账款质押业务等信贷创新方式，支持企业投资行为；进一步利用好国家政策性银行的信贷资金，增强政策性银行履行政策性投融资功能的能力；积极引导、规范民间资本设立具有吸收存款和发放贷款功能的地方商业银行，发挥民间资本的"聚集和发散"功能；利用成熟的榆林能源化工投资公司融资技术，引导聚合商业和民间资本，融入中小企业的发展中，逐步推进建立中小企业发展专项资金和非公有制经济发展专项资金，重点用于扶持榆林市具有自主创新的高科技型、高成长型、多带动型和长产业链型中小企业。

2. 扩大招商引资规模，加强合作交流

利用好每年举行的"西部贸易洽谈会"和"欧亚论坛"，抓好招商项目的策划、包装和推荐工作，促进招商工作的协调配合，注重招商实效。结合新丝绸之路经济带建设，从调整榆林市中小企业产业结构和转化特色优势资源的实际出发，大力改善投资环境，拓展招商区域，创新招商方式，努力营造良好的招商氛围，加强中小企业与国内外知名的企业集团的合作与交流，引进项目、资金、技术和人才，发挥榆林市自然资源和人力资源优势，有选择性地承接东部发达地区的产业转移。

3. 转变传统观念，加强银企合作

政府部门要搭建银行和企业的信息沟通交流平台，通过政府奖励或财政资金引导等激励机制，推动金融机构建立专门为中小企业提供金融服务的机制，量身定做符合中小企业特点的贷款管理办法和操作规程，调整信贷结构，开发专门适合中小企业的金融产品，为中小企业提供信贷、结算、咨询及投资管理等方面的金融服务。

4. 建立中小企业信用担保体系

加快中小企业融资信用建设，构建企业化运作的政策性、商业性和民间性相互补充的全市中小企业信用担保体系，形成以政府财政资金为主、商业资本参与的中小企业信用担保机构，为符合条件的中小企业提供信用担保。建立和完善中小企业信用担保机构的准入制度、资金资助制度、信用评估和风险控制制度、行业协调和自律制度，进一步健全信用担保风险分担与补偿机制，加强对信用担保机构的监督和管理。建立企业信息系统，及时披露企业的各种信息，逐步实现工商、税务、银行的联网信息共享系统，建立企业信用制度；进一步完善企业融资担保体系，鼓励保险公司设立为企业贷款提供还款信用保险的险种，帮助解决企业贷款难的问题。

5. 完善风险投资机制

设立政策性"创业投资和风险投资基金"，发挥政府对风险投资的导向作用，吸引民间资本创办各种中小企业风险投资机构，加强对创业期中小企业特别是具有高成长性的高新技术企业进行股权投资。同时，推动中小企业法人产权交易试点和股权融资试点，逐步建立和完善中小企业风险投资退出机制，营造良好的创业投资市场环境，帮助中小企业和个体创业者实现跨越式发展。进一步吸纳证券投资基金落户榆林，积极争取国家支持，进行组建产业投资基金的试点，所募资金实行定向投资，积极支持各类资本创办创业（风险）投资公司和创业（风险）投资基金；产权交易市场要为企业产权（股权）转让、出售、公司资产重组、投资者及银行抵押、变现资产，提供科学合理的场所。

6. 设立政府投资公司，聚合民间资本

设立政府投资公司，聚合民间资本涉及的问题较多，后文将详细论述。

7. 探索多元化融资渠道

建立培育中小企业上市融资机制，鼓励中小企业改制上市，参与并购重组，通过金融市场进行融资；鼓励符合产业政策的中小企业进行项目融资，通过发行企业债券、实施信托计划等方式实现直接融资；鼓励发展前景好的中小企业特别是高新技术企业板市场或中小企业板市场上市，扩大直接融资规模。由政府中小企业管理局牵头组建榆林市中小企业融资联盟，在联盟内，各企业可以相互提供借贷和担保业务。

8. 完善财税扶持政策，加大对中小企业的财税支持

一是在设立榆林市县区各级中小企业发展财政专项资金的基础上，提高专项资金比率和总额，"十二五"第一年，专项资金总额完成 7000 万元目标。以后四年，根据财政收入的增加情况，不断增加财政资金的扶持力度。

二是加大榆林市技术创新基金项目力度，对于符合国家产业技术政策，有较高技术创新水平和较强的市场竞争能力，具有自主知识产权的高技术、高附加值，能大量吸纳就业、节能降耗、有利于环境保护的项目优先进行技术创新基金支持。榆林市政府要认真及时贯彻国务院《关于进一步促进中小企业发展的若干意见》等中央政策，进行税收优惠支持，包括：

一方面制定针对中小企业的税收优惠政策，比如：小型微利企业、高新技术企业分别按 20% 和 15% 的税率征收企业所得税，小规模纳税人增值税适用 3% 的税率；在一定年限内新开办中小企业给予税收减免，特别是那些成长性好、业绩优良的高科技中小企业。

另一方面提高个体工商户增值税起征点，并对个人独资企业和合伙企业执行征收个人所得税制度。

此外，制定特殊时期的支持措施，经批准可以缓缴社会保险费或降低费率，或对小型微利企业减征企业所得税。将符合条件的中小企业公共技术服务示范平台纳入科技开发用品进口税收优惠政策范围。取消和免征一批行政事业性收费，减轻中小企业负担。

（二）企业任务

1. 练好内功，主动融资

中小企业需要通过大量招聘财务、金融、管理等专业技术人才，练好内功，加强财务管理，健全企业内部控制制度，完善信用体系建设，努力向金融机构贷款的条件看齐，尽力满足金融机构贷款条件，从而通过金融机构贷款这一简单的方式融资。

2. 扩大规模，壮大实力

广大中小企业需要向"微软"学习，从一个只有两个人的合伙企业，发展成为全球知名企业。随着企业自身的规模和实力的提高，金融企业出于趋利考虑，会主动上门给企业提供融资服务，这是最优选择。当然，由

于榆林市中小企业负责人绝大多数为农民身份，受教育程度偏低，对自己企业发展有战略眼光、清晰的思维和独到见解的人不多。现有知识结构很难适应千变万化的市场经济形势，缺乏把企业做大做强的能力，因此中小企业可以采用"抱团"方式来扩大规模，通过内部互保的形式达到金融机构融资的条件。

第三节   关于完善榆林两级政府投资公司的若干思考

一   榆林中小企业融资难的现状

"十一五"期间，根据对榆林中小企业调研统计的数据显示：95%的企业认为，融资难是企业发展中最难克服的问题。在被调查对象中，只有不到25%的企业的融资方式是银行贷款，其余75%的企业是通过自有资金、民间贷款、向亲戚朋友借款等方式取得所需资金。几乎所有的企业都认为，目前的银行贷款手续繁杂，贷款过程中缺少抵押担保，且抵押物要求过高。通过仔细分析调查问卷，可以得出榆林中小企业融资难的原因主要有以下几方面：

（一）中小企业自身管理不规范，是其融资难的根本原因

榆林大多数中小企业在人员、资金、技术等方面，采取家长式单一管理模式。这种管理模式，使企业在生产经营过程中缺乏科学决策，因而增大了企业的生产经营风险。另外，许多中小企业产权不明，公司治理结构极不完善，中小企业管理者可能是所有者自己，也可能是所有者聘请的管理人员，企业的决策往往不具有科学性，重大的投资决策常常是由企业主一人决定，而且在企业内部缺乏一套完备的管理体制和内部监督与审计制度。不论是在决策还是在经营管理上都缺少现代企业管理的方法和模式，决策随意性大，尤其是在财务管理方面比较随意，没有完善的财务管理制度，也没有企业内部控制机制，如企业财务报表在报送税务方面与金融机构方面差别很大。因此，金融机构本身出于风险性原则考虑而不愿意贷款给中小企业。若要破解此难题，必须从中小企业自身做起，练好内功，加强财务等企业管理，尽量向金融机构的融资要求和标准看齐。

（二）规模小、人才缺，是中小企业融资难的直接原因

根据统计调查显示：中小企业年营业收入在500万元以上的只占企业

总数的 13.2%，年营业收入在 100 万元—500 万元的约占 30%，其余年营业收入为 100 万元以下，显然缺少金融机构贷款所需的抵押品。另外，在企业中，大学本科以上学历的员工不到 10%，相关高级管理人才更是极度匮乏，导致即使金融机构有符合本企业的贷款项目也由于缺少懂金融的专业人才而失去获得的机会。若要解决该问题，一方面企业要逐步扩大规模增加房屋等可供抵押的固定资产，同时还要引进大量的各种专业技术人才；另一方面，需要金融机构针对中小企业降低融资门槛，同时要对中小企业的相关工作人员进行必要的财务和金融方面的专业辅导，使之熟悉金融机构贷款流程。

（三）中介机构不足，是中小企业融资难的重要原因

以榆林靖边县为例，作为全国百强县，陕西第二强县，经工商登记注册，省中小企业促进局备案的中小企业信用担保公司仅一家，正在备案审批中的信用担保公司两家，经县政府招标确定的小额贷款公司三家、典当行业一家。中小企业本来就缺乏抵押品等银行所需的贷款条件，现在又缺少信用等中介机构，无疑使中小企业融资雪上加霜。要破解该难题，培育和搭建信用评级等中小企业融资平台刻不容缓。

从以上三点原因分析中不难看出，榆林市中小企业基本上被合法正当的金融机构和中介机构拒之门外，无法获得企业发展所需的资金。为了扩大规模、加快发展，大量的中小企业不得不把融资的目光投向一些由民间资本出资设立的"地下钱庄"。根据估计，榆林某县"地下钱庄"约有150 亿元规模，贷款利率为 3—3.4 分。这大大增加了中小企业的财务风险和融资风险。

二　榆林府谷、神木等地发展政府投资公司的既有实践

面对榆林约 2000 亿元甚至更多的民间资本和中小企业融资难的局面，神木县和府谷县设立国有投资公司的经验值得借鉴。

（一）县级国有资产运营公司的经营方式

在 2000 年初，神木县和府谷县成立了国有资产运营公司。在资金来源上，主要是以地方雄厚的财政收入作担保，通过四大国有专业银行授信贷出巨额资金，再加上本县经营性国有资产和吸收的部分民间资本，作为公司营运所需的资本金。

神木县的具体经营方式主要有两种：一种是国有资产运营公司先以出

资人参股的形式加入政府重点扶持的企业，待企业生产经营步入正轨并获得利益后，再收回股本，退出该企业。这一方式借鉴了中外合作经营企业的出资模式。这种模式在中国改革开放之初比较盛行。当时为了吸引外商投资，同时基于两方面现实，一是中国一些地方政府缺少资金只得以土地等资产出资，二是一些外商出于降低风险急于收回投资成本。于是，就出现了中外合作经营企业。外商经过一段时间收回投资成本后，企业归中方所有。现在，神木县在新情况下复制了这种模式，效果也不错。另外一种方式，是国有资产运营公司把从四大国有专业银行授信得来的资金，再加息转贷给所需资金的中小企业。这种方式实际是一种转移风险的借贷融资方式，效果也不错。

府谷县的具体经营模式是：由借款方提出申请，报送相关资料，运营公司负责初审；初审通过后报县国有资产运营评审委员会复审，经70%以上的评委通过后报县国有资产监督管理委员会审定；县国有资产监督管理委员会审定后出具相关文件，由运营公司办理相关借款、担保手续，并注意防范风险，落实担保、抵押、质押等反担保措施，定期检查评估借款方、被担保方的资金使用情况，对不良债务及时预警。

（二）县级国有资产运营公司的经验和成效

面对榆林约2000亿元的民间资本，神木县、府谷县共同的做法是：以组建"国有资产运营公司"为抓手，利用本县经营性国有资产和资本金，带动银行融资和部分金融机构投资，构建全社会融资平台和担保贷款机制。

按这一方式，两县"国有资产运营公司"由政府控股，从而政府能够主动按照转变经济发展方式的要求引导民间资本投向，对两县数量不菲的民间资本，同时可以用抢占市场制高点的企业战略目标引导中小企业，避免了从原始资本积累到规模逐渐扩大的常规发展方式，引导其争取市场主动权，使不少中小企业站在了发展前沿。截至2009年底，仅神木县国有资产运营公司就完成项目投入60多亿元，先后为中小企业借贷20多亿元，一定程度地解决了上述企业融资难的问题。

从神木等地国有资产运营公司的运行方式看，简单易行；从运营成效看，成绩显著。尽管也出现了一定的坏账，但是都能用公司自身获得的利润进行弥补，说明自身的"造血功能"逐渐完善，确保了国有资产的保值增值，值得在榆林市推广。

三　榆林两级投资公司与"榆林银行"操作利弊比较

针对有人鉴于中小企业融资难而议论成立"榆林银行"的思路，这里先比较一下两者的操作利弊。

（一）审批机关对比

根据《中华人民共和国商业银行法》关于成立商业银行的规定，设立榆林银行应当经国务院银行业监督管理机构审查批准。未经国务院银行业监督管理机构批准，任何单位和个人不得从事吸收公众存款等商业银行业务，任何单位不得在名称中使用"银行"字样。从该法的规定看出，设立榆林银行的审批权限很高。而如果设立榆林两级投资公司，则只需要经过榆林市国资委和工商行政管理局的审批就可以成立。因此，政府投资公司的设立及完善，要比新设榆林银行的门槛低得多。

（二）设立条件对比

表7-1　　　　　　　　投资公司与榆林银行设立条件对比

主要条件	榆林银行	投资公司
运行法规	《中华人民共和国商业银行法》、《中华人民共和国公司法》	《中华人民共和国公司法》
注册资本最低限额	设立城市商业银行的注册资本最低限额为一亿元人民币且总额出资	注册资本实行认缴登记制，即除了另有规定的情况之外，投资公司可以在5年内缴足出资的规定，公司股东可以自主约定认缴出资额、出租方式、出资期限等，并记载于公司的章程
高管任职要求	担任董事长、副董事长、行长、副行长，应具备本科以上（包括本科）学历，金融从业10年以上，或从事经济工作15年以上（其中金融从业5年以上）	有至少3名具备2年以上创业投资或相关经验
组织机构	有健全的组织机构和管理制度	有健全的组织机构和管理制度

从两者设立条件的对照表7-1中不难看出，设立完善榆林两级投资公司的条件，要比设立榆林银行的条件简单容易，更容易在榆林实现。

（三）观念条件对比

从前述中小企业融资难的原因可以看出，一方面这些中小企业由于缺乏财务金融等专业人才，对于银行繁琐的手续不甚明了。另一方面，在中国传统观念里，始终存在着对银行的某种神秘化或抵触情绪，一般老百姓除了在银行开户存取款项及转账外，基本不愿意与银行打交道，更不用说到银行融资了。

如果由本地政府牵头，与相关企业设立政府投资公司，则情况大不一样。由于天时地利人和的因素，当地企业更愿意与政府投资公司接触。因为，政府投资公司是政府发起成立的国有企业，自身形象比银行或其他民营企业要好得多，而且拥有银行等企业无法拥有的各种资源，所以比较容易把分散的民间资本聚合起来，进行较大规模的投资。

（四）自有资本对比

作为国际银行监督管理基础的《巴塞尔协议》规定，资本充足率以资本对风险加权资产的比率来衡量，其目标标准比率为8%。而中国目前银监会要求中小银行的最低资本充足率为10%。根据对神木等地政府投资公司的走访和了解，并没有最低资本充足率的要求，从而可以为中小企业提供更多的融资机会，同时也降低了政府投资公司设立的要求。

（五）资金来源对比

商业银行资金来源主要有三方面：一是股本。就是商业银行成立时，股东投入的资金，即自有资本，这个占比不大。二是对客户的负债。就是个人和企业存入银行的资金，这是商业银行资金的主要来源。三是同业拆借。同业拆借是商业银行为了应付短时间资金不足而向其他金融机构的借款，时间很短，占比很小。由此可知商业银行资金主要来源于个人和企业，但是由于银行存款利率远低于民间借贷和政府投资公司投资带来的回报，所以当地的个人和企业把资金存到银行的意愿远远低于其他地区。因此，如果设立银行将会面临"流动性风险"。政府投资公司在资金来源上，主要是以地方雄厚的财政收入作担保，通过四大国有专业银行授信贷出巨额资金，再加上本县经营性国有资产和吸收的部分民间资本，作为公司营运所需的资本金。

（六）对中小企业促进和转变经济发展方式的对比

面对中小企业自身固有的缺陷，商业银行出于"风险性原则"和

"流动性原则"考虑，而不愿意对它们贷款。相反，为了获得大量而稳定的利润，会选择那些规模大、信誉好的大企业，尤其是一些国有企业，而很少考虑是否符合国家产业发展政策、能否转变经济发展方式及科学发展观的要求。而政府投资公司则不一样，无论是出于完成中省任务，还是出于本地经济发展和转变经济发展方式考虑，都会尽力把资金借贷给本地的中小企业，从而促进中小企业发展。

综上所述，当前在榆林发展政府投资公司比设立榆林银行更简单、更易行。

四　榆林市设立政府投资公司的有利条件

（一）国家相关政策是依据

国发〔2010〕13 号文件明确指出"在毫不动摇地巩固和发展公有制经济的同时，毫不动摇地鼓励、支持和引导非公有制经济发展，进一步鼓励和引导民间投资，有利于坚持和完善我国社会主义初级阶段基本经济制度"。这是改革开放以来国务院出台的第一份专门针对民间投资发展、管理和调控的综合性政策文件。"13 号文件"的出台，对雄厚的榆林民间资本，可以说是迎来了投资的"春天"，既为民间资本找到了出路，也指明了发展方向。

（二）丰裕的民间资本是供给

榆林民间资本的数字约为 2000 亿元，其中神木县 500 亿元左右。在这些"天量"的民间资本中，可利用的民间资本，即流动性民间资本在600 亿元—1000 亿元。由于资本的本性是逐利的，如果长时间游离于金融体系之外，不加引导，这些民间资本就会像决堤的洪水一样四处流动，极有可能成为破坏市场正常秩序的"游资"。而如果引导得当，就会发挥正面作用，促进当地经济、社会发展。因此，榆林市政府必须考虑如何正确引导这些巨额的民间资本有序流动。完善政府投资公司，则是当前一个恰当的选择。尤其是在当前煤炭经济下行的压力不断加大的情况下，大量民间资本失去了投资方向后，引导这些民间资本进入政府投资公司，既能解决公司资金来源问题，又可以为民间资本找到风险低的投资渠道。

（三）中小企业融资是需求

榆林当地银行放贷难与企业贷款难是同时并存的普遍现象。一方面，中小企业缺乏资金又很难贷到款，另一方面，商业银行存款余额居高不下又放不出去贷款。在遭到中小企业埋怨的同时，银行也很想找到合适的企业把款及时贷出去。但是，商业银行放贷是有条件的，财务规范、担保到位、授信评级是最基本的要求，而一般的中小企业很难具备这些条件，因此也就很难从商业银行那里贷到款。此外，在当今世界金融服务体系健全、服务产品名目繁多的条件下，榆林中小企业的融资的手段少得可怜。90%以上的企业认为融资就是贷款，而且融到资金的企业中，95%左右的资金是通过银行贷款获得的，其余5%左右的资金是通过直接入股获取的，此外再没有其他手段。如果能把榆林"天量"的民间资本通过政府投资公司的形式加以引导，必将出现民间资本和中小企业发展"双赢"的局面。

五　完善榆林市政府投资公司的建议

（一）现代企业管理是保证

对于有人说政府投资公司是"官商一家"的说法，可以这样理解，任何一个新的事物的产生，都不是一帆风顺的，会触及一些传统势力的利益。目前神木等地的政府经营公司虽然是设置在当地国资委下面，难免有"官商一家"之嫌，但是，"不管是白猫还是黑猫，只要逮住老鼠就是好猫"，"治理黄河患难，在疏，而不在堵"，不能因为这，就不让其发展，也就是说应该是规范其经营，而不是禁止。因此，根据社会主义市场经济的要求，设立按照现代企业管理营运模式的政府投资公司则是当前最好的选择。

（二）富民是目的

如果榆林市真正能设立榆林市政府投资公司，那么本着深入贯彻落实科学发展观，立党为公，执政为民的要求，必须把富民强市放在第一位。则无论是在引导"天量"的民间资本投向，规范现代金融秩序，还是在促进当地众多的中小企业发展，以及引导当地产业转型，转变经济发展方式，都有不可估量的效果。随着以上几个项目的实现，会出现人民富裕、企业发展、经济跨越、税收增长、民富市强的良好局面，这将在榆林发展史上起到里程碑的作用。

（三）借鉴国内外经验是基础

在政府投资公司的经营发展上，可以借鉴印度尤努斯的"格莱珉"模式，格莱珉银行完全是按照市场商业化运作，通过良好的企业管理实现滚动发展，目前该行拥有 2226 个分支机构，650 万客户，资产质量良好，还款率高达 98.89％，超过世界上任何一家成功运作的银行。23 年里，尤努斯的格莱珉银行曾贷款给 639 万人，当中 96％ 是女性，从而使 58％ 的借款人及其家庭成功脱离了贫穷。更重要的是，格莱珉做到了"双赢"：穷人不仅摆脱了贫困，还获得了做人的尊严，格莱珉银行也获得了高额的利润，可以把贷款恩泽更多的穷人。因此，"格莱珉"模式不仅在很多欠发达的国家和地区得到推广，美国、加拿大、法国、挪威等发达国家也在借用。

中国许多地方也在借鉴该模式并取得了成功，一是安徽马鞍山农合银行的"创业贷"和"联保贷"模式，即企业自愿组成联保小组，统一向银行申请贷款，银行对联保小组统一授信，小组成员共担贷款风险。二是福建银行的靠产品创新发展小额贷款模式，即针对中小企业贷款抵押担保难的突出问题，积极引导银行业创新抵押担保方式，拓宽中小企业融资渠道。三是浙江台州商行为客户编制报表模式，主要方式是建立一支适应中小企业客户信贷运作的客户经理队伍，创造一套适应中小企业客户信贷风险控制需要的调查技术。

因此，如果榆林市成立政府投资公司后，至少要做好以下四项工作。一是必须把人才的引进作为工作的第一步，建立一支业务精、能吃苦、能为中小企业发展着想的人才队伍。二是要完善公司内部治理结构。三是要配合当地政府做好民间资本入股公司的政策制定和宣传。四是要把国内外先进经验与本地实际情况相结合，制定出与本地中小企业融资相适应的经营模式。

（四）未来成立银行是出路

随着改革开放的逐步深入，如果榆林中小企业融资体制障碍能顺利消除，能够大力拓展民间投资渠道，能够完善社会资本与政府性项目之间的"桥梁"对接，能够促进中小企业融资服务平台的完善；如果政府投资公司能在市场经济条件下，逐步脱离政府资助，能在高层次水平上适应现代化市场经济要求，做到产权关系明确、治理结构严谨、权责关系对等、筹资渠道广泛、企业持久经营，则成立榆林银行应该是顺理成章的事。

（五）防止腐败是关键

政府投资公司要做大做强，要真正起到归集民间资本，促进中小企业融资的作用，必须要防止自身的躯体被"蛀虫"所破坏，因此，建立并完善预防腐败机制则是关乎政府投资公司能否延续下去并推广的关键。对此，一是要加强教育，增强廉洁从业意识。公司要总结"争先创优"活动的经验做法，认真开展社会主义荣辱观教育和"勤政廉政、科学发展"主题教育等活动，促进领导人员廉洁从业。同时积极推进企业廉洁文化建设，广泛开展群众性廉洁文化创建活动，努力营造"以廉为荣、以贪为耻"的文化氛围。二是要完善制度，规范权力运行。公司要认真贯彻《国有企业领导人员廉洁从业若干规定（试行）》，根据《规定》制定、修改有关廉洁从业制度。加强企业投资、财务管理等经营管理制度建设，规范权力运作。三是要强化监督，保证权力正确行使。围绕贯彻《党内监督条例》，加强党内监督。围绕企业经营管理的重点部位和关键环节，加强效能监察。深化财务公开，加强职工民主监督，坚持和完善职工代表大会制度。

第八章 榆林市个体工商户发展设计

第一节 榆林市个体工商户发展现状

一 发展现状

近几年，在榆林市委、市政府领导下，榆林市个体户数量飞速发展，对全市经济增长的贡献日益突出，特别是 2005 年以来，榆林市非公有制经济发展更加迅猛，截至 2009 年底，全市非公有制经济增加值 467.5 亿元，占全市 GDP 的 35.9%；全市非公有制经济组织（含个体工商户）达 112784 户，比 2005 年净增 58217 户，个体工商户首次突破 10 万户，从业人员达到 40 万人。

（一）商品交易市场形成一定规模

全市现有各类商品交易市场 260 余个，其中集贸市场 100 余个（城镇集贸市场 50 个），副食品（肉食、蔬菜、熟食）专业市场 22 个，工业品综合市场 31 个，蔬菜果品批发市场 10 个。全市有大型农产品流通企业 37 家。有大型集散型、综合型的农贸（批发）市场 20 家左右。

（二）商品交易辐射面广

榆林个体工商户商品交易辐射山西、内蒙古、甘肃、宁夏等地。销售网络覆盖包头、西安、成都、重庆、合肥、沈阳、北京、哈尔滨等大中城市。出口国别及地区主要是日本、韩国、中国台湾等。

（三）经济社会效益明显

个体工商户商品交易市场的发展，不仅满足了群众的需求，也增加了地方财政收入，对增强城市发展和解决"三农"问题、再就业问题起到了一定的促进作用。2009 年榆林市新办照个体户达到 12120 户，在新增的个体工商户中，从事批发和零售行业的个体户居主要部分，其次是居民服务和其他服务业、住宿餐饮业。

二　榆林市个体工商户发展存在的问题

（一）安全意识不强，环保意识淡薄

尽管近年来政府及相关部门十分重视安全生产工作和加强生态环境保护建设，但在实际生产工作中，个体户的安全意识仍然不强，环保意识的树立还有待时日。

（二）个体工商户集中区域规划布局不尽合理

从调研情况看，榆林市个体工商户相对集中的农贸市场、饮食市场、小商品交易市场规划建设没有与城市建设同步推进，缺乏前瞻性考虑。存在着规划设计不合理，建设不到位，插空而设等问题。

（三）个体工商户集中区域基础配套设施落后

榆林市大部分农贸市场基础设施不符合标准，基础设施差，建设水平低。在农村乡镇，相当一部分农贸市场没有固定场所，以路为市，露天交易，既影响交通安全也阻碍市场的发展。

（四）监管工作不到位，市场混乱

1. 管理体制不顺，监管不力

目前市场的监管大致有两种情形。一是多头管理，二是一家统管。

政府有关部门对市场举办者资质、信用等缺乏前期评估、考核，对举办市场行为缺乏控制、考虑，对市场经营活动缺乏有效的监督、管理。市场缺乏科学统一、易于操作的行业标准。

2. 脏、乱、差现象普遍

市场办管分离，各类经济主体均可投资建设和举办市场，而市场举办单位追求的是经济利益，不顾社会效益，形成农贸市场举办和管理的脱节，致使市场脏、乱、差问题突出。

3. 农贸市场内经营户整体素质不高

目前市场经营个体工商户、私营业主，其人员构成比较复杂，文化素质相对较低。

第二节　榆林市个体工商户发展设计

结合榆林市个体户发展现状，综合考虑社会发展需要，依据《陕西省人民政府关于鼓励支持和引导个体私营等非公有制经济发展的实施意见》等法律法规，对榆林市个体工商户发展进行顶层设计。

一　主要行业选择及空间布局设计

根据榆林市的实际情况，榆林市工商个体户可选择农副产品和食品加工业、物流业、旅游业、咨询服务业、社区服务业、餐饮业等进行拓展。

目前榆林市各区县个体工商经济的发展基础、速度、规模和产业均有差异，所以其发展要立足各自优势，遵循区域分工原理，找准各自的定位，明确相互的分工协作关系，向专业化、特色化方向发展，使各个区域的资源得到充分利用（见表8－1）。

表8－1　　　　　　　　榆林市个体工商户优先发展项目设计

项目名称	项目建设地区	项目建设规模及主要内容
山羊、生猪等牲畜及家禽养殖、交易	定边、横山等地	分别建立10个生猪、山羊、家禽养殖基地
枣种植及交易	清涧、佳县等地	建设优质大枣生产基地
优质蔬菜、油料等种植及交易	子洲、府谷等地	建设优质蔬菜、瓜果、红枣、油料基地
优质中药材生产交易	子洲等地	建立名贵中药材种植基地
休闲、餐饮等服务业	榆林市区、府谷、神木、靖边、定边等地	餐饮街、休闲酒吧娱乐街等8条
石刻、石雕等	绥德、清涧等地	石刻石雕艺术一条街2条
电子信息软件项目	榆林市区	建立电脑、电脑配件、软件销售一条街1条
食品饮料项目	子洲、清涧、佳县等地	建立黄芪饮料、大枣饮料等基地
电力、能源、化工、新能源项目配套服务	榆林市区、府谷、神木、靖边、定边等地	机械配件集散地及休闲餐饮一条街

续表

项目名称	项目建设地区	项目建设规模及主要内容
石油、盐气、煤炭化工项目	榆林市区、府谷、神木、靖边、定边等地	技术服务、机械配件及休闲餐饮等项目
饲料项目	绥德、子洲等地	饲料等项目
服装项目	米脂、榆阳等地	纺织、服装等生产园区，服装销售一条街
旅游项目	榆林市、靖边、绥德等地	风景区、景点、宾馆、游乐场、游船、公园等建设项目10个
物流房地产项目（物流配送、建筑房地产产业集群配套）	榆林市、靖边、绥德等地	物流配送中心、批发市场10个，农产品批发市场5个（75万平方米），商业步行街10条等

二 榆林市个体工商户发展政策设计

（一）扩大工商个体户规模

据欧美、日本等发达国家统计数据表明，1个产业工人相对应应有0.6个服务者为其提供服务，根据中国中等城市服务业现状，一个产业工人相对应应有0.43个服务者为其提供相关的餐饮、美发、家政、零售等方面的服务，方能满足其生活需要。榆林有120万工业人群就应有52万服务人群，其中大多数是个体工商业者，目前榆林市只有40万个体工商户从业者，与上述数目相差甚远，所以应大力增加个体工商户规模和数量。

（二）建立大学生创业基地

建立2—3个市县级大学生创业基地。大学生创业最缺乏的是资金和经验。大学生创业基地可为其无偿提供办公场所和创业指导，自愿为大学生创业者"传帮带"，用自己的经验让创业者少走弯路，支持学以致用、有明确创业项目的大学生创业者。

（三）建立进城务工农民、进城落户农民创业基地

建立3个市级农民创业基地，每个县至少建立1个农民创业基地。

"十二五"期间，陕西省将采取相关鼓励措施，力争转移600万农民进城落户，农民进城后其就业、生存等问题是最为严峻的问题，必须防止出现"城市病"和"贫民窟"现象。个体工商户主要面向传统的劳动密集型产业，其对从业人员文化、技术水平要求相对较低，在增加就业方面具有独特的优势，为劳动力资源的合理流动提供了广阔的天地，可安置大量农村剩余劳动力，有效缓解社会就业压力。其中依托饮食一条街、服装一条街、农贸市场等，鼓励进城农民在这些地方自行创业，开展个体经营活动，是最直接、最有效的方法。

（四）创办下岗失业人员、城镇退役士兵创业基地

建立2个市级下岗失业人员、城镇退役士兵创业基地。积极鼓励下岗失业人员、城镇退役士兵等从事个体经营，大力宣传并认真执行党中央、国务院有关促进就业和再就业优惠政策。对下岗失业人员、城镇退役士兵持国家规定的证明从事个体经营者，自取得营业执照起，按照国务院和省政府的相关规定，免收3年的个体工商户注册登记费、个体工商户管理费、集贸市场管理费和经济合同示范文本工本费。

（五）大力发展服务业

榆林市最少规划修建8条休闲服务一条街，包括小商品一条街、步行街、休闲酒吧一条街等。西部大开发今后10年陕西省首先要着力构建现代产业体系，转变发展方式。据专家预测，5年后陕西省服务业的增长速度将超过工业的增长速度，并可占到陕西省经济总量的40%以上。榆林也应该顺应全省发展趋势，大力发展服务业，为工业经济快速健康发展提供后盾保障。

（六）大力建设各种个体户协会，切实保护好个体户权益

大力发展民间个体工商户组织的协会，充分发挥个体工商户协会的桥梁和纽带作用，指导各级协会要坚持"服务立会、服务兴会"理念，充分发挥协会的自律、服务、沟通、监督职能。

（七）加大政府扶持，优化发展环境

落实扶持政策，优化投资环境，坚决制止和查处对个体工商户的乱收费、乱罚款、乱集资、乱摊派等行为，切实减轻个体工商户的负担，改善个体工商户的经营环境。

1. 税收优惠扶持

对从事种植业、养殖业和农林产品加工的非公有制个体工商户、农业

产业化重点龙头企业及国家确定的老、少、边、穷地区新办的个体私营企业，3 年内免征所得税。对个人投资兴办的社会福利事业实行税收优惠。个体工商户兴办的医疗机构取得的各项收入，直接用于改善医疗卫生条件的，自其取得执业许可之日起，3 年内免征医疗服务收入营业税；自用的房产、土地、车船免征房产税、城镇土地使用税和车船使用税。个体工商户兴办的各类学校、托儿所、幼儿园及专业技术培训等机构的用地，免征城镇土地使用税，其房产能够单独计价的，免征房产税。

2. 建立和完善服务平台

按照"创办小企业，开发新岗位"，改善创业环境的要求，加大创业辅导力度，为下岗职工再就业和农村富余劳动力转移拓宽新的就业领域，可提供政策咨询服务、管理咨询服务等。

在市中小企业局现有网络的基础上，积极争取国家和市有关部门的支持，建立和完善全市个体工商户信息网络，为其发展提供快速、准确、及时的人才、技术、市场、融资等信息和政策导向。

组织个体工商户到省内外培训和考察，着力解决非个体工商户信息相对滞后、产品销售渠道不畅问题。

积极指导和帮助个体工商户建立完善质量管理体系，帮助重点个体工商户争创名牌产品，推进榆林市个体工商户信用建设。

进一步发挥市区县政府个体工商户维权投诉中心的作用，及时受理投诉和法律咨询，积极配合有关部门查处侵犯个体工商户合法权益的行为，为个体工商户的发展营造良好的法律环境。

第九章　榆林市民营中小企业公共服务体系建设

　　中小企业是国民经济的重要组成部分，在促进经济发展和扩大就业中发挥着突出的作用。培育发展中小企业服务机构，建立健全中小企业服务体系，对改善中小企业成长环境，推进中小企业发展意义重大。

第一节　榆林市民营中小企业公共服务体系建设的现状分析

一　中小企业公共服务平台建设的背景和意义

（一）加强中小企业服务体系建设是中小企业健康发展的客观需要

　　中小企业在市场竞争中处于较弱的地位，管理水平低、人才缺乏、信息不畅、技术创新能力弱、产品质量不高等是中小企业发展存在的普遍问题，急切需要完善的社会化服务体系来满足它们在创业、成长过程中的服务需求。充分发挥政府和社会服务资源，建设公共服务平台，走专业化分工合作道路，是中小企业降低生产费用，提高核心竞争力的重要途径和客观需要。

（二）榆林市中小企业发展急切需要建立完善的服务体系

　　榆林市中小企业服务体系仍不健全，服务机制不完善，服务体系培育、运行和管理机制不健全，服务机构缺乏协调与整合。突出表现在：创业辅导体系难以适应科技型中小企业的成长需要，服务力量不足；融资担保体系还不够健全，中小企业融资问题仍很突出；产学研相结合的技术创新体系还十分薄弱；信息资源共享程度不高，信息化服务体系与发达地区相比差距很大；人才培训服务体系建设滞后。

（三）兄弟省市中小企业服务体系建设提供了可供借鉴的经验

2001 年，国务院下发了《中小企业服务体系建设试点工作方案》，确定了上海、深圳、青岛、哈尔滨、成都、兰州、镇江、抚顺、温州、滁州 10 个城市为全国中小企业服务体系建设城市。2008 年，国家实施中小企业成长工程，落实中小企业服务体系建设规划。鼓励有条件的地区建立中小企业信用担保基金和区域性再担保机构，引导产业集群健康发展。2010 年，中央财政预算设立了中小企业服务机构专项补助资金规模已达到 2.5 亿元，用于支持中小企业公共服务平台建设和中小企业公共服务业务。2011 年 12 月，国家五部委联合下发了《关于加快推进中小企业服务体系建设的指导意见》，很多省市相应制定了各自的《加快推进中小企业服务体系建设的实施意见》，都为榆林市中小企业服务平台的建设提供了很好的经验。

（四）国际上服务中小企业的做法提供了参考

在中小企业发达的日本、韩国有着完善的中小企业服务体系，是榆林市进行中小企业服务平台建设时重要的参考体系。

日本已形成了由政府、金融机构、科研单位、行业协会和其他社会中介机构分工合作、相互协调、分布广泛的中小企业社会化服务网络。具体方式是通过中小企业基础完善机构组织全国中小企业支援中心、中小企业大学校、商工会和商工会议所、政府系统金融机构、信用保证协会以及中小企业团体中央会等构成社会化服务体系来完成对中小企业的服务。主要业务包括支援中小企业融资、支援中小企业创业及振兴、向中小企业提供经营支援（包括经营咨询、举办讲座、派遣专家、进入中小企业大学校学习等）、支援中小企业开拓国际市场、实行中小企业诊断制度等。

韩国中小企业服务体系主要包括中小企业综合支援中心（BSC）、中小企业振兴公团（SBC）、中小企业协同组合中央会（KFSB）等，主要业务是：为中小企业提供长期低息贷款、培养人才，对经营、技术进行指导，提供情报，调节企业纠纷，开拓国际市场，配合政府促进中小企业科技创新，支援创业等。釜山中小企业综合支援中心的理事长由市长兼任，本部长负责日常工作。在鼓励创业方面，支援中心每月举办 1 次、每年举办 2 次大规模的创业讲座和每年 1 次的创业博览会；支援中心的另一项特色工作是采用各种手段帮助企业开拓国际市场。邀请国外买主的贸易洽谈并提供中介、场地、翻译等服务。组织中小企业参加国际展会，提供展位费和减免 50% 运费、50% 国际机票费的支持。

日本、韩国政府投入了大量的资金扶持中小企业发展。日本的资金支持主要由金融机构和政府专项资金组成。日本面向中小企业的金融机构主要由两部分组成。一部分是政府系统的中小企业金融机构；另一部分是民间的中小企业金融机构。另外，日本建立起了完善的信用担保制度。针对小规模企业存在的没有可抵押资产、经营不稳定、不具备独立会计记账和制订商业计划能力的状况，日本采取通过商工会议所对企业会计记账、商业计划编制进行指导后向国民生活金融公库进行融资推荐的方式，为小规模企业提供无担保、无保证人的低息贷款融资。通过全国 52 个信用保证协会为中小企业向民间金融机构提供信用担保，同时协会与中小企业金融公库签订保险合同。如果被担保的中小企业无法还款时，信用保证协会将代为偿还，偿还金的 70%—80% 由中小企业金融公库通过保险合同向信用保证协会支付。韩国财政经济部、产业资源部等 12 个政府部门设立了 91 种政策性资金，每年可向中小企业提供约 4.9 万亿韩元（约 310 亿元人民币）的资金，专门用于支持中小企业的发展。韩国产业银行向中小企业提供优惠的贷款条件以支持中小企业发展，为减轻中小企业的利率负担，贷款利率从总利率中扣减 0.3—0.5 个百分点，即利率下浮，同时新增了包括投资及贷款在内的打包金融服务方式来支持中小企业。此外为缓解中小企业因汇率上升及经济萧条产生的资金紧缺问题，对企业实施延期还款。韩国产业银行还向中小企业提供免费及优惠的咨询服务，咨询与贷款服务打包提供时还可以扣减贷款利率以减轻中小企业的负担。

二　榆林市中小企业服务体系建设的主要成绩

榆林市高度重视中小企业服务体系的建设，对中小企业的财政支持力度不断加大、银企对接逐渐加强、中小企业信用担保业和小额贷款信贷业初步发展、创业辅导、市场开拓、科技支撑、教育培训体系不断跟进，信息服务、信用评价体系建设逐步开展，取得了显著的成绩。榆林市成立或引进了 6 家金融机构，设立小额贷款公司 31 家，保险机构扩增到 25 家，全市目前国有和民营信用担保公司超过上百户，已有 9 家信用担保机构通过市局审查并在省局备案；全市各级已设立扶持中小企业发展专项资金总额超过 5000 万元，对全市中小企业的发展起到了四两拨千斤的作用；通过政府主导的银企对接活动，促进 31 户企业和 11 家银行签订了贷款合同和贷款意向书，贷款总额 29.38 亿元；全市已有 5 户企业列为拟上市重点企业，市局和金融办积极为企业上市进行辅导培育，帮助企业做好上市融资工作。

三　榆林市中小企业服务体系建设存在的问题

榆林市中小企业服务平台开始建立，取得了一定成绩。但还存在着综合性服务体系不健全，服务工作不全面、缺乏规范性，服务体系建设运行机制不完善等问题。

（一）综合性服务体系不健全

没有综合性的服务机构，公益性和商业性服务缺位。整体而言，榆林市综合性服务中心缺失，服务工作比较零散，系统性、综合性不强。由于没有相关的配套政策，中小企业公益性和商业性服务机构的组建方式、人员编制、经营范围、营利模式等许多因素没有确定，社会各界对经营服务机构积极性不高，导致公益性和商业性服务机构缺位问题突出，许多服务机构形同虚设，包括民间融资担保机构、行业协会等，具体业务开展工作亟待深入。

（二）服务工作不全面，缺乏规范性

榆林市中小企业服务体系在融资担保、创业辅导、市场开拓、科技支撑、教育培训等方面起步较早，体系建设的总体思路和框架比较明确，相应的机构建设和政策提升正在逐步开展，工作稳步推进。但是，一方面，在信息服务、管理咨询、信用评价、质量管理、事务代理等方面的服务机构和配套建设工作还很欠缺，许多基础性的工作还没有充分展开，相应的服务工作不能真正有效地进行。另一方面，榆林市中小企业服务体系建设的配套政策还不完善，很多仅是原则规定，没有具体的实施细则和办法。因为缺乏必要的制度依据，导致服务工作失范，效果不理想。

（三）服务体系建设运行机制不完善

首先，榆林市有关中小企业服务体系培育、运行和管理的政策体系还不完备，对服务机构的组建方式、定位、性质、职能、组织构架、运作方式等方面还有很多要完善的内容，不能真正指导、规范服务体系的建立和运行。其次，政出多门，服务职能需要有效地进行协调整合。除市、县两级中小企业促进局外，市经贸局、农业局、科技局等许多其他政府部门都承担了部分的中小企业服务职能。事实上存在各部门之间缺乏有效的配合与有效沟通，没有形成合力，服务工作的协调性、统一性差，很难满足中小企业综合性的服务需求。最后，榆林市中小企业服务体系建设还处于初创阶段，由于资金、人才、机制等多方面原因，各类服务机构的素质与能力还有待提升，需要加大资金投入和政策扶持力度，引进高素质人才，完善体制机制，提高为中小企业服务的能力和水平。

国有中小企业服务机构和社会化专业服务机构及各类政策资源使用效果尚未建立必要的评价机制，对于各类服务机构提供的服务缺乏统一评价标准，难以有效甄别服务机构的服务质量、服务效率及政策资源的使用效果，导致对各类政策资金的使用效果缺乏有效监督，服务市场中也存在一些为中小企业服务的中介机构服务不规范等问题，没能高效地起到服务中小企业的作用。

第二节 榆林市民营中小企业公共服务体系建设的战略设计

一 战略思想

（一）指导思想

榆林市民营中小企业公共服务体系的建设要以科学发展观为指导，依据《中华人民共和国中小企业促进法》、《国务院关于进一步促进中小企业发展若干意见》等中省市关于中小企业发展的法律法规和政策文件，结合榆林市经济社会发展总体规划和发展实际，着眼各类中小企业的需求，依托、规范、优化配置现有的社会服务资源。建立、健全公共服务、公益服务和商业服务三位一体，综合性服务平台与专业性服务平台互为补充，适应中小企业实际需要的中小企业公共服务体系。通过中小企业公共服务体系的建立，务求各类服务机构和组织为中小企业提供有效服务，帮助中小企业解决各类急难问题，使榆林市中小企业数量、规模增加，质量、效益进一步提升，管理水平、经营能力和技术创新能力进一步提高，产业结构和组织机构得到进一步优化，使榆林市中小企业的总体竞争实力显著增强，提升中小企业在榆林经济社会发展中的地位和作用。

（二）战略目标

以建设"资源节约型"和"环境友好型"社会为总要求，切实转变经济发展方式，深入贯彻落实国家鼓励中小企业技术创新的政策，发挥现有服务平台的作用，并积极培养和创新各种中小企业服务平台，解决中小企业所面临的融资问题和技术创新困难；重点培育一批市场竞争较强、经营业绩突出、市场信誉良好的企业，促进产业集群升级和持续发展；适应公共财政的基本要求，突出公共服务职能，使服务平台呈现出布局合理、特色明显和服务优良的特点，为中小企业持续健康发展提供平台支撑。

二　基本原则

中小企业公共服务体系建设要以"政府扶持、市场化运作、面向产业、服务企业、资源共享、注重实效"为导向，坚持高起点谋划、高标准建设、高水平运作，结合榆林当地的资源禀赋、经济发展水平、产业结构特征和中小企业发展态势进行。

（一）政府扶持，市场化运作

在中小企业公共服务体系建设上，榆林市、县两级中小企业促进局要加大建设资金的投入力度，积极争取中省资金支持，合理安排中小企业发展专项资金的投入额度，切实保障服务体系建设的资金需要；财政、人事、工商、税务等相关政府部门在服务机构的设立、人员编制、工商登记、办公场所等方面要给予大力支持。同时，政府部门除保留必要的公共服务外，尽量少参与或者不参与服务机构的运作。按照市场化的原则，利用合理的竞争机制，吸引社会各界积极参与，引领民间资本投入，实现社会服务资源的优化配置和组合。

（二）统筹协调，各部门配合

中小企业公共服务体系建设是一项复杂的系统工程，涉及多个区县、多个部门，需要做好统筹规划。榆林市中小企业促进局作为主管部门全面负责榆林市中小企业公共服务体系建设的整体统筹规划。各区县、各部门协同、配合，建立区县中小企业局牵头，其他部门协作联动的工作机制，分级分批分步培育和发展，建立完善区县的中小企业公共服务体系。

（三）整体推进，差异化发展

榆林市中小企业公共服务体系的建设要形成全市范围内协调、均衡的基本框架和整体格局，保证整体推进；又要充分考虑各区县在建设基础、资源配置和服务需求方面的差异，制定差异化发展战略。在基础较好的区县率先发展，满足快速发展的中小企业的需要；在基础相对薄弱的区县，要制定科学合理的建设方案，循序渐进地进行建设。

（四）分层次建设，分阶段发展

在中小企业公共服务体系的建设过程中，坚持合理安排结构层次，构建政府部门、非营利机构、商业性机构共同参与、合理分工，公共服务、公益服务和有偿服务协调配合，最大限度地发挥各类机构的优势，提高服务体系的整体效能。榆林市中小企业公共服务体系的建设基础较为薄弱，必须依据现有的条件和资源，有计划、分步骤实施。

三 重点任务

榆林市中小企业公共服务体系主要由综合性服务平台和专业性服务平台组成，共同为中小企业服务。综合性服务平台主要是市、县两级中小企业服务中心，专业性服务平台是提供专项服务的机构。未来榆林市中小企业公共服务体系的建设重点主要是创业辅导平台、融资担保平台、信息服务平台、科技服务平台、教育培训平台、中介服务平台、信用评价平台、法律服务平台等。

（一）建立创业辅导平台

以"创办小企业、开发新岗位、以创业促就业"为原则，争取在5年内，榆林市每个县区都能至少设立1家主要以市财政出资的以公益性服务为载体的创业辅导机构。做到广泛联系高等院校、科研机构、金融单位和社会中介机构，形成紧密配合、互相协作的长效机制，为新创办的中小企业提供如创业咨询、政务代理、融资支持、人员培训、场地租用、注册登记等创业指导服务以及工商、财税、劳动就业、社会服务保障等方面的综合咨询服务。同时收集各种创业资料，设立中小企业创业项目库，为创业者提供创业项目。

（二）建立融资担保平台

要严格按照《担保法》、《中小企业促进法》的规定，认真抓好本级中小企业融资担保及再担保机构建设，并规范众多的民营担保机构的操作规范。要通过政府出资启动，民间投资等多种渠道筹资，同时可以采用增资扩股的形式兼并或重组规模小、经营不规范的民间担保机构，使每个担保机构由原来的3000万元增加到3亿元的规模，从而扩大担保资金规模，增强担保能力和抗风险能力，推进融资服务。每个县成立5—10家规范的信用担保机构。研究并制定包括减免税费等各项优惠措施，一方面可以促进银企银保对接活动，搭建交流平台，促进银企银保合作，另一方面还可以促进包括小额贷款公司在内的金融机构扩大规模，促进它们定期或不定期举办项目推介会，以及金融知识和金融政策的宣传、咨询、培训活动，为中小企业融资提供便利。

（三）完善信息服务平台

当前，榆林市中小企业信息网的服务功能还不健全，向外报道榆林市中小企业信息量还比较少，需要由市中小企业促进局牵头，配合中、省中小企业信息网，完善榆林市中小企业信息网，并指导各县区抓紧网站建设工作，实现中、省、市、县、乡、重点企业六级联网，为向外界广泛宣传推广榆林市中小企业奠定基础。另外，还需要协助中小企业建立网站，加快中小企业信息化建设速度。及时向中小企业发布有关产业政策、财税政策、信贷政策、投资重点、市场需求、国际合作等信息。同时，为中小企业提供企业形象、调研策划、产品设计、市场推广、招商引资、展览展销等方面的服务，帮助中小企业开拓市场，提高市场知名度和美誉度。

（四）建立科技服务平台

充分利用本市及西安众多的各类技术创新机构和科研机构，通过榆林市政府出台优惠措施的形式合作成立科技服务机构，为中小企业新产品研发、试制、设备检验以及生产工艺改造提供智力支持。先选取1—2个县区试点，待机构运作成熟后，向全市进行推广。同时，市、县两级中小企业管理部门和服务机构要帮助企业与大专院校、科研院所积极开展各种产学研合作活动，为中小企业应用新技术提供咨询、诊断和论证服务。协助有条件的中小企业开展国内外经济技术交流与合作。市财政部门应为每个平台补助适当开办费，各县区政府或工业园区应为平台提供优惠、合适的服务场所，市县工商行政管理部门应在注册登记上提供优先服务，各市属科技部门应主动为中小企业提供技术支持。

（五）建立教育培训平台

市、县区中小企业管理部门要按照中小企业发展的需要，充分利用现有的省中小企业远程培训基地，建立榆林市中小企业教育培训平台。在5年内，各县区都要在本地区至少设立1家自己的培训基地。通过公开招标，选择一批专业设置对口，师资力量较强，教学设施较好的高等院校及科研院所，为中小企业培训各种管理人才、技术人才。有条件的中小企业要积极建立自己的培训机构和场所，开展员工培训活动，建立和完善培训与待遇相联系的激励机制，要多方开展联合协作培训，市、县区中小企业管理部门要负责做好协调工作，形成自主培训与互助培训、单项培训与综合培训、一般培训与高层次培训、请进来培训与送出去培训相结合，优势互补，资源共享，形成全市多样化的培训服务格局。同时，在5年内要选择1000家成长型中小企业，对其经营管理者实施全面培训，使之在榆林市中小企业发展过程中起到明星带头作用。针对南部农业县，应该围绕现代特色农业，开展实用技术培训，争取在5年内，使每个农民至少接受1次专业技能培训。另外，需要加大大学生"村官"的引进力度，努力做到每个村都至少有1名大学生，同时要出台相应的"感情留人"、"待遇留人"等政策，使他们安心工作，在农村技术推广过程中起到"星星之火可以燎原"的作用。

（六）建立中介服务平台

市、县两级政府要立即着手建立两级管理咨询系统，充分利用本市及西安众多的各类专家学者和科研机构，成立中介服务机构，同时设立网上专家库，进行远程跟踪服务，及时解答中小企业在发展中遇到的管理、技术等难题，及时为中小企业改制、兼并、重组、上市等提供咨询服务。努力成为中小企业的"贴心小棉袄"。为了做到高起点、高质量服务，要求服务平台中，大专及以上学历专业服务人员的比例不低于50%；具有较强的专业服务和组织社会资源能力；做到管理制度健全，经营行为规范，收费合理，服务内容、流程、标准、收费和时间能做到"五公开"；服务收入占营业额的比例不低于50%。

（七）建立信用评价平台

由市中小企业局牵头，市直有关部门和金融机构参与，组建"榆林市中小企业信用评价委员会"，建设以企业信用征集、评价和监督等为主要内容的中小企业信用服务体系，建立并完善中小企业信用档案。定期举行全市中小企业"信用明星企业"评选活动，对其进行公开的表彰及宣传，起到明星示范的作用，对于一些弄虚作假、信用低下的企业也要进行公开的曝光，起到警示的效果。同时充分利用工商、金融、税务、检验检疫、海关等各方面信息资源，建立中小企业信用管理数据库，实现政府部门、金融机构对中小企业信用评价的协调联动和信息交流与共享。

（八）建立法律服务平台

针对榆林市中小企业布局分散、信息不灵、法治环境不健全等实际情况，依据《中小企业法》，联合公检法等司法部门及社会优秀的法律咨询机构，组成市、县两级法律服务机构，面向中小企业维权服务；设立法律服务热线，建立网上法律咨询平台，为中小企业提供法规政策信息和法律咨询服务；大力打击制售假冒伪劣产品和违法经营活动，整顿市场秩序，创造良好的法治环境，依法保护中小企业的权益。

（九）其他平台建设

还应该建立产权交易服务平台，为中小企业的并购、重组和资产所有权及相关产权的转移提供有效的专业化服务。市场开拓服务平台，为中小企业招商引资、开拓国内外市场提供便捷服务，并为中小企业提供品牌创立、产品设计、展览展销推广等服务。启动建设中小企业创业园，召开榆林籍在外企业家回乡创业大会和产学研促进大会。整合民间资本，引导民营企业靠大联强。力争培育产值过亿元民营企业 200 户、过 5 亿元 5 户。力争非公经济增加值占到生产总值的 35% 以上。

第三节 榆林市民营中小企业公共服务体系建设的重点项目设计

一 榆林市中小企业服务中心建设项目

榆林市中小企业服务中心由榆林市中小企业促进局负责筹建，作为榆林市中小企业促进局直属的事业单位，职责是为中小企业提供公益性综合服务。榆林市编制办负责解决中心负责人及工作人员的编制问题，财政局负责解决中心运营所需的资金审核及拨付。

榆林市中小企业服务中心在榆林市中小企业促进局的指导下全面实施公益性服务工作，工商、税务等其他相关部门协助。根据中小企业的实际需要，进行内部机构的设置，建设自己的网站，建立高效畅通的服务流程，制定健全的内部管理制度。至少要与 20 家以上的各类专业服务机构建立紧密的合作关系，形成强大的服务能力。

榆林市中小企业服务中心是全市中小企业服务体系的核心机构，主要负责落实中省、地方有关中小企业发展的方针政策与法律法规，配合相关部门拟定中小企业发展的地方性法规、规章与方针政策。协助主管部门与财政部门管理中小企业发展的各类专项资金以及专项基金。建立中小企业服务机构资料库、专家库，协调有关部门和社会性服务机构，为中小企业提供创业辅导、融资担保、市场开拓、人才培训、科技支撑、管理咨询和信用服务等多方面、多层次的服务。收集、发布各类与中小企业发展相关的信息，为各类中小企业提供及时、有效的信息服务；组织人员开展中小企业发展情况的调查研究，掌握中小企业运行态势，承担有关信息收集与发布，为相关部门提供制定调控目标和措施的建议。及时向相关部门反映中小企业的呼声与建议，提出政策性建议；受理中小企业投诉，维护中小企业的合法权益。

二　榆林区县中小企业服务中心建设项目

榆林市所属十二区县要按照"一区（县）一中心"的原则，开展区县中小企业服务中心建设工作。区县中小企业服务中心的建设模式按照市中小企业服务的模式进行，由区县中小企业促进局负责，市中小企业促进局给予必要的协助，按照"区（县）名＋中小企业服务中心"的方式命名。在建设过程中，要紧密结合区县中小企业实际需求和区县的建设条件与基础，发挥优势，找准重点，分步骤实施，确保建设工作取得好的效果。

三　榆林市中小企业信用服务中心建设项目

市中小企业信用服务中心是榆林市中小企业促进局的直属机构，事业单位编制，专职为榆林市的各类中小企业提供公共信用服务。由榆林市中小企业促进局牵头组建，人民银行榆林中心支行、银监分局、市工商局、市国税局、市地税局、市人力资源和社会保障局等政府部门协助，并聘请国内外知名信用咨询专业机构参与建设。中小企业信用服务中心具有自己的办公场所，并配备必要的办公设施，建立自己的门户网站，与至少两家省内外知名信用咨询公司建立紧密的合作关系。作为信用服务的核心机构，信用服务中心负责协调社会各专业信用服务机构开展对中小企业信用服务工作；建立全市中小企业信用档案库，会同人民银行榆林中心支行完善中小企业信用信息数据库，聘请国内外知名信用咨询公司搞好中小企业信用评价，负责管理、查询、发布中小企业信用信息；开展信用宣传、培训、推广和普及，为全市中小企业和有关部门提供信用服务。

四　榆林市中小企业担保中心建设项目

榆林市中小企业担保中心在榆林市国信担保有限公司的基础上组建，

是为中小企业提供政策性担保和融资的专业性服务机构。其建设工作由市中小企业促进局牵头，会同财政、工商、政府金融办等部门共同组织实施。市中小企业促进局负责对工作的总体推进，提出组建方案和注资计划，并与财政、工商、政府金融办加强沟通，及时将工作进展情况上报市中小企业促进局。市工商行政管理局负责为担保机构办理相关手续。市政府金融办负责与本地各银行协调沟通，争取银行与注资担保机构的合作，提供放大倍数，并将有关情况及时上报市政府金融办。

市中小企业担保中心将建成集融资与政府性担保业务于一身的机构，业务覆盖全市，在十二区县设立分公司，采取"政府筹措、市场运作、银企支持、社会资助"等多种途径扩大担保中心的资本金，提高担保能力；加大人才的引进力度，重点吸收具有金融、会计知识的高层次人才；进一步丰富业务种类，为中小企业提供融资与信用担保贷款担保。委托贷款、保函业务、投资业务、典当业务、小额贷款业务、票据担保、融资顾问咨询等高效、便捷的服务，从不同角度与层面满足中小企业融资需求；与本市政策性银行及商业银行建立紧密的合作关系。

五　榆林区县政策性担保机构建设项目

按照"一区（县）一中心"的原则，在榆林市所属每个区县至少建立一家政策性担保机构。已有的政策性担保机构加挂中小企业担保中心牌子。各区县中小企业促进局要积极协调县财政加大对政策性担保机构的出资力度，要多渠道筹集资金，充实资本金，增强担保能力，规范经营管理，提高服务效率。

六　榆林区县创业辅导基地建设项目

2011—2015 年，榆林市重点抓好定边县、靖边县、子洲县、横山县、吴堡县、米脂县、佳县 7 县的创业辅导基地建设。基地由各区县中小企业促进局负责建设，努力争取县委、县政府的政策和资金支持，利用现有的工业园区，整体推进创业基地的建设。到 2015 年底，要建成 6 个以"具有完善的基础设施，可出租标准化厂房，提供系统公共服务"为基本模式，各具特色、服务高效的创业辅导基地。

县级中小企业创业辅导基地的起步规模至少要建成面积 1 万平方米以上，其中标准化厂房面积 5000 平方米，按各县中小企业产业特色建设 5

间孵化车间，每座车间至少可容纳 15 户小企业，总计可容纳 75 户小企业；综合办公楼面积 5000 平方米，内设电化培训教室至少 2 间，分别可容纳 200 人进行创业培训。

创业辅导基地建成后，由各县中小企业服务中心负责运营。利用省内外人才资源，建设一支专业化的创业辅导师队伍，聘请工商、税务、土地、环保等部门的工作人员组建一支创业辅导员队伍。主要为小企业初创者提供产业政策、市场预测、可行性研究以及投资概算和人才设备等创办初期的策划咨询；帮助小企业初创者搞好注册登记、税务登记、特行准入等有关政府程序的事务代理服务；为小企业初创者提供创业初期急需管理、技术、营销等人员的培训指导；为小企业初创者提供生产技术、产品开发等方面技术性指导和扶持；以租售形式为小企业初创者提供厂房等适用创业场所；根据创业基地入驻企业的需要开展其他有针对性的服务。

七　榆林教育培训服务平台建设项目

2011—2015 年，榆林市要重点抓好榆阳区、府谷县、神木县、靖边县和定边县 5 区县的中小企业教育培训基地建设工作。基地由榆林市及各区县中小企业促进局负责建设，积极争取榆林市及区县教育行政管理部门的大力协助，以榆林市职业技术学院和各区县职教中心为依托，协作推进教育培训基地建设。到 2015 年，建成 6 个设施、设备先进，师资力量雄厚，专业设置科学合理，运营规范有序的中小企业教育培训基地。

在榆林市职业技术学院建设市级中小企业培训服务中心基础上，各区县级中小企业教育培训基地建设，至少要建成或划定 5 个 100 平方米的专用教室，可同时容纳 300 人进行培训，添置电视、计算机、投影仪等必要的教学设施和设备，铺设网络连接设备，以职教中心优秀师资力量为基础，选聘省内外知名专业培训机构与师资，按计划组织培训工作。

基地建成后，由区县中小企业服务中心负责运营，区县职教中心负责日常维护，除开设电工电子、计算机及应用、会计电算化、工业与民用建筑、机电技术应用、数控技术应用、汽车运用与维修、化工等专业外，还要针对各区县中小企业产业分布有针对性地开设一些专业课程，满足中小企业的培训要求。

八　榆林民营中小企业公共技术服务平台建设项目

（一）能源化工板块建设项目

1. 煤炭节能多联产及资源综合利用产业化研发基地

由府谷县恒源煤炭电化有限公司承建，主要研究、推广以煤为原料生产工业型煤；煤气净化后生产甲醇、粗粉、轻柴油、石脑油、改质沥青；洗煤下脚料煤矸石、煤泥等用于发电；炉渣、炉灰生产水泥的技术开发；同时对废水、废气净化处理技术。

2. 镁节能多联产循环经济产业化研发基地

由府谷县镁业集团有限责任公司承建、主要研究、推广煤制气—硅铁—硅热法炼镁—镁渣生产水泥的多联产大规模生产工艺，实现短流程清洁生产；双预热—内热式—煤气加热—快速节能立式还原炉短流程生产工艺开发；双预热燃烧技术及大直径还原罐技术研究；蓄热立式还原炉结构与装卸料的自动化控制工艺研究；研究熔炼生产高纯镁及系列镁深加工产品开发新技术。

3. 难成浆煤固态水煤浆制备技术研发基地

由榆林市西部能源发展有限公司承建，主要研究、推广难成浆煤干法制固态水煤浆技术。

4. 兰碳生产废水处理技术研发基地

由榆林市榆阳区同达煤化有限责任公司承建，主要研究、推广兰炭、煤焦油生产技术及处理剩余煤气的生产工艺，提高资源利用，节约能源，改善环境，实施环保零排放。

5. 盐湖资源综合开发利用技术研发基地

由定边县长城盐化有限责任公司承建，主要研究、推广盐业资源综合开发利用技术。

6. 德土古炉水煤浆气化废渣综合利用研发基地

由陕西神木化工有限责任公司承建，主要研究、推广固体废弃物——德土古炉渣的综合利用技术。

7. 能源化工工业固体废弃物生产胶凝材料研发基地

由榆林市恒源利尔新型建材科技有限公司承建，主要研究、推广以各种工业废弃物（如冶金渣、粉煤灰、煤矸石及其他工业固体废弃物等）为主要原料，生产高性能新型建材水泥产品技术。

（二）榆林市现代农业板块建设项目

1. 红枣红酒生产技术研发基地

由佳县益民现代农业开发有限公司承建，主要研究、开发和推广红枣红酒生产全套先进工艺技术，延伸红枣产品产业链，提高附加值。

2. 红枣气调保鲜技术研发基地

由榆林市佳宝有限公司承建，主要研究、开发和推广红枣彩妆、保鲜及运输技术，建立适合于陕北红枣鲜果保鲜及运输的技术系统，提升红枣产品的档次，提高红枣的鲜果销售量。

3. 红枣制干技术研发基地

由绥德县三哥哥枣业有限责任公司承建，主要对陕西安康蚕茧干燥设备研究所的蚕茧干燥技术及设备进行后续开发，研究、推广应用于红枣制干的技术和工艺。

4. 陕北杂粮产品研发基地

由绥德县健康多多农产品深加工实业有限公司承建，主要研究、开发和推广小杂粮的营养品质与食用品质系统开发技术、食品快速检测与质量安全控制技术。

5. 大豆异黄酮生产技术研发基地

由榆林市三丰油脂有限公司承建，主要研究、开发和推广利用油料加工副产品大豆粕生产提炼高科技附加值产品——大豆异黄酮的技术和工艺，延伸黄豆产品产业链，提高附加值。

6. 葵二酸加工技术研发基地

由子洲县富华油脂有限责任公司承建，主要研究、开发和推广蓖麻油深加工，生产高纯度葵二酸的先进技术。

7. 黄芪保健饮料系列产品研发基地

由子洲县天赐中药材有限责任公司承建，主要研究、开发和推广生产黄芪保健饮料系列产品的先进技术，以及其他黄芪产品深加工的技术和工艺。

8. 淀粉深加工生产技术研发基地

由榆林市新田源集团公司承建，主要研究、开发和推广利用陕北无污染的新鲜马铃薯为原料，生产变性淀粉的先进技术和工艺，以及其他马铃薯产品的深加工技术和工艺。

第四节　榆林市民营中小企业公共服务平台建设的保障措施

一　切实转变观念，提高认识水平

榆林市各级政府及有关领导要充分认识中小企业发展对于经济社会发展的重要意义，要把营造有利于中小企业快速发展的环境作为当前以及今后一项十分重要的工作来抓；要切实转变观念，提高认识水平，深入领会建设中小企业服务建设体系的重要意义。深入学习《国务院关于进一步促进中小企业发展的若干意见》等一系列政策文件精神，深刻理解党中央、国务院对社会经济发展谋篇布局的战略意图，加强与苏州、深圳、厦门等中小企业服务体系建设先进地区的联系，建立考察学习与干部交流机制，学习、借鉴先进地区服务体系建设的经验。强化政府部门作风建设，各级部门和人员要切实改变过去"重管理、轻服务"的思想，增强服务意识，实现由"管理型"向"服务型"的职能转变。

二　健全组织保障，明确相关责任

加强对榆林市中小企业服务体系建设工作的组织领导，赋予榆林市非公有制经济领导小组中小企业服务体系建设领导职能，全面负责全市中小企业服务体系建设工作。在市中小企业促进局常设中小企业服务体系建设办公室，协调各有关政府工作部门、政府直属事业机构、政府部门管理机构、中省驻榆办事机构以及相关金融机构有关中小企业服务工作。

各区县政府根据区县行政部门和事业单位的建制，比照市级中小企业服务体系建设领导协调机构，成立区县级中小企业服务体系建设领导与协调机构，结合本地实际，贯彻落实榆林市中小企业服务体系建设的方针、政策。

各相关政府部门和机构各司其职，协调配合，共同推进服务体系建设。市、县两级中小企业促进局会同有关部门对本地中小企业服务体系建设框架进行总体设计，并对各部门、各行业、各单位的具体建设方案进行组织协调；各级财政、金融、税务、工商、民政、质量技术监督等部门依照职责对中小企业服务体系建设进行指导和管理，加强合作，形成合力，积极制定和落实好中小企业服务体系建设的各项政策措施，确保政策到位、资金到位、人员到位。

三　加强统筹协调，确保形成合力

一是建立健全市级中小企业服务体系建设联席办公会议制度。市中小企业促进局在市政府的领导下，会同相关政府部门、事业单位和专业机构建立健全中小企业服务体系建设联席会议制度，定期召开会议，负责指导和协调全市中小企业服务体系建设工作，研究制定推进中小企业服务体系建设的政策措施，解决工作推进中的重大问题，协调各相关政府部门，督促检查指导建设工作，确保各项建设方针、政策能够有效贯彻执行。

二是建立健全区县级中小企业服务体系建设联席办公会议制度。区县中小企业促进局在本级政府和市中小企业促进局的领导下，会同本级相关政府部门、事业单位和专业机构建立本级中小企业服务体系建设，健全联席会议制度，定期召开会议，协调推进建设工作，解决建设中的问题。

三是建立区域核心服务机构与专业性服务机构联席制度。市、县两级中小企业服务中心要与对口的专业性服务机构建立联席会议制度，通过联席会议，市、县两级中小企业服务中心以市场化方式，聚集各类社会服务资源为中小企业提供优质服务，了解社会性服务机构的建设与运营动态，协助解决社会性服务机构遇到的各类问题，向社会性服务机构发布服务需求信息，促进中小企业与社会性服务机构对接，介绍先进地区的成功经验，推动社会性服务机构提升层次和水平，传递社会性服务机构的合理诉求。

四　完善制度建设，加强规范引导

市、县两级中小企业促进局和相关政府部门要认真研究中小企业服务体系建设的配套政策，抓紧制定中小企业服务体系建设的扶持政策，使体系建设工作有章可循，提高建设工作的规范性和效率。出台服务体系运营的配套政策，建立健全服务资质标准、服务登记制度、服务评价制度等，规范服务行为，提高服务质量，引导服务市场健康发展。

出台服务体系建设扶持政策。加快制定《关于培育和促进榆林市中小企业服务体系建设的意见》，进一步明确培育体系建设的有关政策，完善政府部门、事业单位和各类社会性服务机构相互关系及其管理、监督、激励与制约机制，为推动全市中小企业服务体系建设创造宽松的政策环境。按照"政府扶持专业机构，专业机构服务企业"的方向，加快制定扶持政策，在资金、土地、规划、人事、工商登记、税收等方面，积极扶持中小企业社会化服务体系建设。扶持具有带动力的服务机构加快发展，推进服务专业领域提高服务水平。

五 多渠道筹措资金，确保资金投入

一是积极争取中省专项资金对榆林市中小企业服务体系的支持，集中用于中小企业公共服务平台建设。

二是加大市财政对榆林市中小企业服务体系建设的扶持力度。市中小企业促进局协调财政局设立榆林市中小企业服务体系建设专项资金，逐年加大投放力度。重点支持创业辅导、科技支撑、教育培训和信用服务等方面的服务体系建设，重点扶持一批服务机构示范单位。为使榆林市中小企业融资难问题得到有效解决，市财政还要侧重加大对市级政策性担保机构建设的支持。各区县财政也要建立专项资金，加大对本地中小企业服务体系的支持力度，并视财力状况逐年扩大资金支持规模，不断推进中小企业服务体系建设步伐。

三是积极吸纳企业和社会资金进入中小企业服务体系建设。积极搭建企业和社会资金进入中小企业服务的渠道和途径，特别是在中小企业融资担保体系建设方面要广泛吸引企业和社会资金，拓宽中小企业融资渠道。

六 优化人才队伍，积聚人才优势

中小企业服务体系建设工作任务新，有一定的难度和专业要求，需要有素质高、能力强的专业化人才队伍。为高标准地完成既定建设任务，确保服务体系有效运营，必须加大专业化人才的引进力度，提高建设人员的整体素质，优化人才结构；加强对各级中小企业部门管理人员、核心服务机构人员的培训，更新观念，理清思路，增强自我发展能力、服务创新能力、综合协调能力和组织带动能力；加强专业化服务队伍培养，提高专业职业资质人员在服务机构中的比例。

加大优秀人才引进力度。制定优惠政策，大力引进具有金融、管理、财会、市场营销、创业培训等方面的专业知识、具有一定工作经验的高层次人才，为榆林市中小企业服务体系建设注入优质人才资源。

大力开展人才培训工作。要多形式、多层次地开展培训工作，每年组

织一次服务体系建设工作会议，以会代训，对市、县两级以及企业有关人员进行一次有针对性的业务培训；在工作进展快的区县组织现场会，交流推广经验，促进面上的工作；组织服务机构负责人参与考察、学习活动，学习借鉴中小企业服务体系先进省市成功的做法和经验，推进榆林市的体系建设工作；鼓励服务体系工作人员以多种方式提高学习层次，提高自身的知识含量、综合素质和综合能力，以更好地建设榆林市中小企业服务体系。

加大"引智入榆"力度。榆林市中小企业服务体系建设不仅要依靠本地人才，还要引入大量优质的外部智力资源。市、县两级中小企业服务中心要加大专家库的建设与维护，在创业辅导、科技支撑、管理咨询和信用服务等方面，大力引进省内外知名创业辅导专家、技术专家、管理专家与专业人士参与建设与运营，借用优质的智力资源推动榆林市中小企业服务体系建设向高水平发展。

七　整合社会资源，凝聚多方力量

社会性服务机构是服务体系的必要组成部分，是推动服务体系自我发展、良性发展的重要力量。国内外中小企业服务体系建设与运营的实践证明：成熟、有效的服务体系，具有市场化程度高，社会性服务机构居于主体地位的特征。因此，榆林市中小企业服务体系建设必须坚持"政府扶持、市场化运作"的原则，大力吸引有较强服务能力与良好服务信誉的各类社会性服务机构，参与服务体系建设，引导法律、投资与资产管理、会计、设计、会展、金融、信息等社会专业化服务机构和服务企业，为中小企业提供优质的专业化商业服务，积极参与有关的公益性服务；加强服务机构之间的协作与交流，规范服务行为，提高服务水平；鼓励社会性服务机构不断开发服务产品，扩大服务范围，提高服务产品的性价比；开放服务市场，鼓励行业协会、商会为中小企业提供创业辅导、融资担保、市场开拓、科技职场、人才培训和管理咨询等服务；鼓励科研机构、高等院校发展面向中小企业的科技服务产业和管理咨询产业，提升产学研合作层次与水平，培训中小企业经营管理、市场营销、专业技术等方面的人员。

八　培育核心机构，形成辐射效应

构建中小企业服务体系，必须加快培训核心服务机构，提升素质、培养能力、提高效能，以带动、统领其他服务机构的发展，从而促进服务体系整体服务绩效的提升。榆林市、县两级中小企业服务中心是服务体系的核心，自身为中小企业提供公益性服务的同时，还组织专业服务机构和社会中介机构为中小企业提供各项专业服务。榆林市、县两级要重点抓好本地区中小企业服务中心建设，必须在较短时间内全部建成并投入运营，并完善其功能。对核心服务机构承担的国家、省服务项目以及服务体系运营的组织保障工作，给予重点扶持。

九　加大宣传力度，改善建设环境

利用广播、报纸、电视和网络等媒介，大力宣传建设中小企业服务体系的意义，服务体系能够提供的服务职能，中小企业获取服务的方式与途径，向广大中小企业推介服务质量好的服务机构，催生中小企业服务需求，扩大服务体系的影响面和带动力，吸引和带动社会各有关方面积极参与和支持服务体系建设，为服务体系建设营造良好的社会氛围。

十　加强监督指导，提升服务绩效

建立、健全对各类服务机构的监督和指导机制。由市、县两级中小企业局牵头，相关部门参加，组建中小企业服务体系运营监督与指导小组，针对服务机构建立有效的风险防范机制和日常监督管理制度，加强对各类服务机构的监督和指导，及时掌握服务机构建设与运营情况，督促服务机构树立诚信和质量意识、创新服务项目、增加服务功能、健全服务内容、提升服务水平、规范运营管理，不断提高服务效率和质量，满足中小企业日益增长的服务需求；鼓励服务机构建立行业协会、加强行业管理和自律，规范服务市场秩序，引导服务市场健康发展；组织开展中小企业服务示范单位评选活动，对管理规范、服务效果突出、社会贡献大的服务机构给予表彰奖励，并通过媒体向社会广泛宣传，带动社会服务机构积极为中小企业提供服务；加大监督检查力度，对存在的问题要及时督促整改，对于经整改仍达不到服务标准的机构要取消其准入资格。

第十章　榆林市民营中小企业可持续发展问题

可持续发展要求企业在兼顾微观目标、从事生产经营决策时，除了考虑自身的利益外，更应对社会负责，更要关注环境保护和资源的可持续利用，放弃传统的高消耗、高污染、低效率的经济发展模式，通过技术升级提升产能效率，获得相对于竞争对手的比较优势。具体地讲，可持续发展战略要求企业发展应以保护和改善生态环境为前提，切不可以牺牲环境为代价去换取暂时的发展。

第一节　榆林市中小企业可持续发展存在的主要问题

和其他地区的民营中小企业一样，榆林市民营经济中小企业发展经历了从无到有，从弱到强，从简单的以家庭为单位的个人手工小作坊发展为榆林市经济发展重要推动力的现代企业。可以说，榆林市民营中小企业的快速发展，已经为榆林市经济全面腾飞打下了坚实的基础。自 2006 年以来，榆林市民营经济发展进入有序稳定发展时期。2008 年 7 月，为了全面贯彻落实国务院《关于鼓励支持和引导个体私营等非公经济发展的若干意见》（国发〔2005〕3 号）和省委、省政府《关于加快发展非公有制经济的指导意见》（陕发〔2007〕19 号），进一步优化榆林市发展环境，加快民营经济的发展，榆林市市委、市政府先后出台了《关于加快发展民营经济的实施意见》和相关配套文件。

"十一五"期间，按照陕西省要求，榆林市加大了环保行政和环保执法的力度，淘汰落后产能，整顿关停数百家能源化工企业，引导循环经济，开展清洁生产，生态环境建设等已初见成效。但是，中小企业可持续发展的环境保护方面仍暴露出很多问题。

一 可持续发展意识淡薄，环保投入严重不足，生态问题较突出

榆林市自然资源尤其是矿产资源十分丰富，属于典型的资源型城市。榆林经济经过 10 年的高速发展，对煤炭产业产生了强烈的依赖性。由于经济增长过度依赖矿产资源开发，资源环境约束不断加剧，不平衡、不协调、不可持续的问题日益凸显。目前榆林不同程度存在的无序开发和粗放发展所带来的环境污染和生态危机以及深层次的资源依赖丧失后的不可持续等问题，都使得榆林能源经济的发展扑朔迷离，暂时的繁荣和不断上升的 GDP 后面，是对榆林能源经济科学发展路径和理性产业模式的迫切呼唤。

人们环境意识和可持续发展意识淡薄，各部门各企业陶醉于经济发展所取得的巨大成就，对资源有限性及环境自净能力的有限性认识不够。一方面，受"重生产、轻生活"和"重经济建设、轻市政建设"思想的影响，普遍存在市政建设方面的"欠债"较多。另一方面，高强度的开发，使资源型城市的环境遭到严重破坏。一些企业片面地追求经济发展，忽视资源节约与环境保护，采取以过度消耗资源，生态建设和环境保护投入低的方式换取企业经济增长，不惜破坏生态和污染环境。同时低投入导致的技术进步缓慢、生产工艺落后也制约着节能降耗减排等环保工作的开展。目前环保治理投入占 GDP 的比重严重不足，根本无力扭转生态环境持续恶化的现状。一方面给榆林生态地质造成比较严重的破坏。据统计，榆林市境内因采矿形成的塌陷面积共 60.16 平方千米；地表水渗漏及地下水位下降，全市湖泊由开发前的 869 个减少到 79 个。另一方面导致资源开发的环境容量严重不足，节能减排的环境压力增大。节能方面，榆林 2008 年仅完成省上下达节能目标的 65%；减排方面，二氧化硫排放仅完成任务的 69%，化学需氧量排放仅完成任务的 59%。

二 产业升级缓慢，能源深加工能力薄弱，环境压力增大

目前，能源化工产值占工业总产值的比重达到 93%，对全市 GDP 和财政收入的贡献率分别达到 60% 和 62%。榆林能源化工最终产品输往区外的比重超过 70%，其中原煤外输比例达到 70%，甲醇、聚氯乙烯、兰炭、电石高耗能产品等其他能化产品外输比例超过 90%。中小企业能源

化工产品区外销售情况相当。反映出能源产业产业链条短，精细化工等能源化工下游产业发展严重滞后，由于运输成本较高，自身消化能力有限，就地转化能力差，能源转化深加工能力薄弱，将资源优势转化为经济优势的成本高、难度大、见效慢，产业升级缓慢。这种以牺牲环境容量为前提的初级能源产品为主的经济增长方式大大增加了环境的压力。只顾发展经济，没有充分注重生态环境的保护，造成了较严重的植被破坏，水土流失，结果使河道淤塞、资源浪费，环境污染严重。

三　水资源供需矛盾日益突出

榆林市属干旱、半干旱大陆性季风气候，年平均降水量为 400mm，雨量集中，主要集中在 7—9 月，约占全年降水量的 60% ~ 70%。降水地域分布不均，降水由西北向东南递增，风沙区一般在 325 ~ 400mm 之间，丘陵区在 400 ~ 500mm 之间。市内蒸发强烈，平均水面蒸发量在 1200 ~ 2000mm 之间，陆面蒸发量 342.6mm。目前，全市地表水资源量为 25.13 亿立方米，地下水资源量 21.47 亿立方米，扣除地表水与地下水之间的重复量 14.31 亿立方米，全市水资源总量只有 32.29 亿立方米，人均占有水量 979 立方米，分别仅占全省及全国人均占有水量的 65.9% 和 43%，属于联合国教科文组织提出的重度缺水地区。随着基地建设步伐的加快，地下资源的大量开采，地表、地下水大面积泄漏，产生了各种水环境问题。神木县煤炭埋藏浅，煤层厚，煤矿开采过后，很容易造成地下隔水层破坏，从而引起区域性地下水泄漏，地下水位下降和采煤区地下水均衡系统遭受破坏。目前，已导致不少井泉下漏、淤坝干涸、树木枯死，矿区村庄普遍发生水荒。资源开发以来，榆林市矿区平均地下水位下降 3 米，局部下降 10 ~ 12 米，给生态环境带来严重影响。

相对于榆林经济的高速增长，水资源供需矛盾日益突出。根据预测，在 75% 保证率下榆林市 2015 年、2020 年、2030 年各行业需水量分别为 150853.81 万立方米、217413.35 万立方米、263112.52 万立方米。而榆林地区水资源可利用量仅为 10.44 亿立方米。按照现有和在建水源工程，到"十一五"末"十二五"初可打造 12 亿立方米。榆林的水全部开发利用，也只能支撑到"十二五"前两年。日益突出的水资源供需矛盾将直接影响榆林经济持续发展，当然也制约着中小企业的生存和可持续发展。

四　法律法规不健全，监督执法力度不够

法律法规不健全，监督执法力度不够，直接影响榆林市民营中小型企业的发展。具体表现在以下两个方面。

一是经济处罚力度小，没有起到足够的震慑作用，导致的直接后果是违法成本偏低。偷排、漏排现象很是普遍，而法律规定的一些处罚措施对于企业来讲只是"毛毛雨"，处罚力度明显偏轻，一天的运行费或者环保投资可能要比罚款多，一些轻微违法行为不了了之。所以，就存在违法成本低而牺牲环境的问题。

二是生态与环境方面的配套法规、标准、规范尚不能满足生态建设和环境保护向纵深发展的要求；在监督执法中，有法不依、执法不严、违法不纠的现象依然存在。一些不合规企业不能受到应有的处罚和限制，挤占了守法守规企业合理运营空间。

第二节　榆林市民营中小企业可持续发展的目标任务

一　发展目标

把环境保护作为中小企业发展的重要前提，努力实现节能、降耗减排，建立可持续发展的长效机制，实现现代农业、新型能源产业的跨越式发展，促进经济与环境、人与自然的协调发展。

二　发展任务

按照"结构优化、产业升级、集群发展、技术现代、环保节约"的新型发展思路，实现资源深加工和节能减排、提高资源就地转化率和附加值，促进产业结构升级和循环经济发展，发挥集约化、规模化优势，增强中小企业的持续发展能力。

三　中小企业可持续发展环境保护指标体系

1992 年联合国环境与发展大会之后，可持续发展的思想逐步成为世界各国指导经济社会发展的总体战略。1992 年，《中国环境与发展十大对策》宣布中国要实施可持续发展战略。1995 年，可持续发展战略被确定为中国的基本战略之一。然而，究竟如何衡量可持续发展的进程呢？《21

世纪议程》指出："各国在国家一级、国际组织与非政府组织的国际一级，应探讨制定可持续发展指标的概念，以便建立可持续发展指标。"世界和中国都需要研究选择合适的指标体系，以表征与评估可持续发展的状态与进程。

根据《中华人民共和国环境保护法》、国家水污染防治标准、国家大气污染防治标准、国家固体废物污染环境防治标准以及国家噪声污染防治标准、国家环保局对企业环境保护的考核办法、国家环保城市指标体系、榆林能源基地总体规划等环保标准构建中小企业可持续发展环境保护指标体系，用以约束企业的环境保护行为。榆林市企业环境保护责任评价指标体系应重点由大气环境（废气排放）、水环境（水利用、水处理）、声环境（噪声）、固体废物（废物处置率、利用率）、资源综合利用（能源消耗、水重复利用）、环境管理（排污申报、国际环境体系认证）6 个方面组成（见表 10 – 1）。

表 10 – 1　　　　　　企业环境保护责任评价指标体系

环保因素	评价指标	单位	目标值
大气环境	万元 GDP SO$_2$ 排放量 万元 GDP CO$_2$ 排放量	千克/万元	≤5.0 （9.0）
水环境	单位工业增加值新鲜水耗	立方米/万元	≤20
	工业废水达标排放率	%	≥95
	万元 GDP COD 排放量	千克/万元	≤5.0
声环境	区域环境噪声平均值	dB（A）	≤60
	交通主干道两侧噪声平均值	dB（A）	≤70
固体废物	危险固体废物处置率	%	100
	固体废物综合利用率	%	≥80
	生活垃圾无害化处理率	%	100

环保因素	评价指标	单位	目标值
资源综合利用	万元 GDP 能耗	吨标煤/万元	≤1.4
	万元 GDP 用水量	立方米/万元	≤150
	工业用水重复利用率	%	≥90
	污水处理再生综合利用率	%	≥63
环境管理	排污申报		按时完成年度排污申报登记
	ISO 14001 环境管理体系认证		通过认证

第三节　榆林市民营中小企业可持续发展的主要措施

要确保中小企业环境保护达到指标体系规定的标准，实现经济可持续发展，不仅需要健全制度法规，而且还要采取调整产业结构、构建循环经济模式等措施。以循环经济理念加快产业结构调整，打造经济发展新优势；通过调整结构、技术进步和加强管理等措施，实现民营中小企业可持续发展。

一　强化环境意识，树立生态理念

要树立"绿水青山就是金山银山"的环境价值理念，实现以环境换取经济增长向以环境优化经济增长转变。要充分认识环境保护与科学发展的高度一致性，正确处理环境与建设的关系，树立人与自然和谐的生态理念。"环境保护，教育为本"，要大力普及环保科学知识，提高全民环境意识，把协调人与自然关系的科学理念同中华民族关爱自然、勤俭节约的优良传统结合起来，通过多种途径，普及科学知识，在全社会形成了解国情、珍爱环境、保护生态、节约资源、造福后代的共识，大力倡导生态工业、生态农业、生态服务业，以及生态环境、生态人居和生态文化建设，摒弃盲目追求过度消费，倡导正确的生活方式。

　　培养企业充分认识环境保护与持续性发展的高度一致性，正确处理环境与建设的关系，树立人与自然和谐的生态理念。"环境保护，教育为本"，要大力普及环保科学知识，提高全民环境意识，把协调人与自然关系的科学理念同中华民族关爱自然、勤俭节约的优良传统结合起来，通过多种途径，普及科学知识，提高企业环境意识，在全市形成了解榆林、珍爱环境、节约资源、造福后代的共识；大力倡导生态工业、生态农业、生态服务业及生态环境，摒弃盲目追求过度消费，倡导正确的生产方式。

二　完善环境保护制度法规，加强环境经济手段

　　一是制定各类环境制度法规。在政府发布的《环境保护法》及现有《陕北煤炭、石油、天然气开发环境保护条例》的基础上，制定出台地方执法检查及相关可操作性政策法律法规，如"固体废弃物管理和公共清洁"、"促进资源有效利用"等地方层次的环保制度，建立和完善市场准入的环保审核制度、许可证交易制度，完善淘汰落后产能制度，补充和完善环境资源法基本制度，主要包括明确生态效益补偿制度、征收生态环境补偿的依据、排污收费制度等。

　　二是实施以经济激励为基础的环境经济手段。（1）制定支持循环经济发展的投资和财税政策；完善资源综合利用的税收优惠政策；政府对环境保护成绩显著的企业给予资金奖励；设立环境治理专项资金等。（2）实施资源有偿使用制度、排污收费政策；实施生态恢复和环境保护的经济补偿政策，确保资源开采造成的环境恶化得到必要补偿和有效治理；实施生态环境治理保证金制度，用于塌陷土地复垦、居民财产损失赔偿、生态环境治理。吁请中省改变现有采矿企业成本核算制度，将生态环境治理与生态恢复费用列入企业的生产成本。进一步体现"谁开发、谁保护，谁破坏、谁恢复，谁污染、谁治理，谁利用、谁补偿"的原则。

三　建立企业"内部循环"与"外部循环"结合的发展模式

　　一是"杜邦模式"——企业内部的循环经济模式。杜邦公司创造性地把循环经济三原则发展成为与化学工业相结合的"3R制造法"，通过放弃使用某些环境有害型的化学物质、减少一些化学物质的使用量以及发明回收本公司产品的新工艺，到1994年已经使该公司生产造成的废弃塑料物减少了25%，空气污染物排放量减少了70%。通过组织厂内各工艺

之间的物料循环，延长生产链条，减少生产过程中物料和能源的使用量，尽量减少废弃物和有毒物质的排放，最大限度地利用可再生资源，提高产品的耐用性等。

二是产业集群模式——企业外部的循环经济模式。将生产环节中的排放作为资源再投入，形成生产系统中的产业互生关系，从而达到因排放再用而提高资源效率、因排放减少而增加环境效益的目的。即按照工业生态学的原理，通过企业间的物质、能量及信息的集成，形成产业间的代谢和共生耦合关系，使一家工厂的废气、废水、废渣、废热或副产品成为另一家工厂的原料和能源，建立产业集群。在"三区多园"的产业布局中，初步形成原煤—发电—粉煤灰—建材、原煤—兰炭—焦油—化工—煤气和粉煤灰回收利用、原煤—甲醇—下游产品—建材—食品级二氧化碳、盐—烧碱—聚氯乙烯等多个产业链条，使所有进厂原料均被"吃干榨净"。

四 平衡产业发展，适度利用能源

积极发展新型能源产业、非能化产业，避免能源过度开发，防止"资源诅咒"对中小企业可持续增长的影响。

一是大力发展新型能源产业。紧紧围绕国家、省、市发展战略性新兴产业发展规划，鉴于榆林拥有丰富的太阳能、风能等新兴能源，引进一批有实力的企业，加大开发可再生资源等新型能源的力度，大力发展太阳能发电、风能发电、生物质能发电等新能源产业项目，减小煤油气等不可再生能源的开采力度。

二是发展特色现代农业。榆林具有丰富的特色农业资源，要积极发展特色现代农业，将农业资源优势转化为比较优势，优化农业产业结构，发展无公害、绿色及有机农业，注重农业标准化生产。农业标准化生产是在农业生产过程中实施产前、产中、产后全过程的标准化、规范化管理。这是农业现代化建设的一项重要内容，是科技兴农的载体和基础，也是发展特色现代农业的应有之举，是提高特色农产品质量安全水平的有力保障。

三是改造提升传统工业。更好地改造提升传统产业已成为当前工业经济转型升级的重要环节。按照新型工业化的要求，在工业经济"保增长、保稳定、促发展"过程中，以骨干企业和优势产品为重点，加快先进技术对传统产业的改造步伐。同时，要通过引入民间资本或战略资本，加大对这些企业的改制力度。

五　加强科研攻关，扭转经济增长格局

不断加大科技创新投入，加强节水技术、节能、清洁减排技术、环境治理等技术科研攻关，把强化科技创新能力作为中小企业跨越式发展的重要动力。

一是针对榆林水资源稀缺，加强对与节水灌溉技术相关的旱地节水与坡地滴灌等"节水农业"技术的研究；提高输水效率；发展喷灌、滴灌、微喷灌等节水灌溉技术，把浇地变为浇作物；采用保水采煤技术。采煤保水的前提是有水也有煤，有水，才需要保；有煤，才可能采。采煤条件下保水，目的是保护环境，保护生态。在榆林地区，实现采煤保水的途径有两个，一是合理选择开采区域（主要是矿区规划阶段），二是采取合理的采煤方法和工程措施（如充填开采）。除此之外，别无选择。

二是加大能源节能降耗、循环经济技术研究。以发展循环经济为主导，把节能降耗工作作为促进循环经济发展，建设资源节约型社会的重点工作，发挥行业技术优势，争取项目资金扶持，强化环保治理意识。具体包括能耗限额技术，不断提高煤炭回采率、油气采收率和资源综合利用效率技术；掌握洁净煤气化技术、煤炭液化和多联产技术以及煤制烯烃技术；积极开展深度驱油技术，保持石油的高产和稳产，确保石油资源的服务年限；发展循环经济、延伸产业链条的技术。

三是加强减排环保技术开发和推广应用。加大对节能减排技术创新工作的科技投入，把节能减排技术创新项目纳入各类科技计划优先支持范围；科研开发，加快节能技术开发与转化应用。掌握化学需氧量、二氧化硫两项主要污染物排放量削减等技术，工业废气、废水、废渣治理的技术；淘汰能耗高、污染重、规模小、工艺落后的产能；推行清洁生产、环保型生产。

四是加大生态环境治理技术创新推广，加强地质环境保护和地质灾害防治，如机械化采煤造成地表塌陷的生态环境治理恢复的技术；荒沙治理和产业开发等技术。

第十一章 榆林市民营中小企业发展的保障措施

保障榆林市中小企业健康发展，解决发展过程中的矛盾与问题，既要建设与榆林市民营中小企业发展相适应的经济环境，又要确保民营中小企业自身能力的建设。

第一节 推进榆林市民营中小企业发展的政策措施建议

创建与榆林市民营中小企业发展规划相适应的经济环境，克服发展中的各种障碍，既要转变政府职能、健全民营中小企业发展的政策支持体系，又要加快服务体系建设与市场环境建设。在榆林市进行的民营中小企业调研显示，"南北失衡"、"城乡失衡"、"产业结构失衡"、"担保难，融资难"、"用地难"以及"市场准入障碍"是榆林市民营中小企业发展中突出的问题和主要矛盾，政府部门应健全相关的政策，为民营中小企业发展提供相应的政策扶持和保障。

一 构建"立体"帮扶，缩小南北差距、城乡差距

所谓"立体"帮扶，是指"横向"帮扶工程与"纵向"帮扶工程。"横向"帮扶工程即北六县对南六县进行支持的"扶南"工程，制定相应的"横向"帮扶政策是缩小南北差距的重要举措。"纵向"帮扶工程即"百机关单位帮百村，百工矿企业扶百村"的"双百"工程。以工补农的"纵向"帮扶工程又是解决城乡失衡的有力措施。结对"帮扶"工程横向到边、纵向到底、责任到位、服务到人，确保各区加快自身发展，尽快缩小城乡差距和南北差距。

（一）"横向"帮扶工程

"横向"帮扶工程即"扶南"工程（扶持南部县发展），是市委、市政府为落实科学发展观，解决榆林市南北失衡问题而实施的一项重大战略举措。扶南的目标不仅仅是帮助南部六县脱贫致富，而是要最终实现榆林全市共同发展、均衡发展、和谐发展。扶南工程已取得了显著的成效，可是随着北部各县加速发展，南北差距将不断加大。因此，坚定不移地贯彻实施扶南工程，不断创新扶南机制，特别是加大中小企业的扶南力度，对于实现南部富裕和快速发展意义重大。具体可从以下几个方面开展：

1. 对南部民营中小企业加大扶南资金支持

由市县区中小企业局联合建立评价体系，确定扶南工程的各县中小企业名单，并根据企业主导项目、技术创新需求、运营发展状况等确定资金支持力度。

2. 对南部民营中小企业进行"一对一"或者"一对多"管理帮扶

南部各县中小企业普遍管理水平较低，企业所有制形式比较单一，真正建立现代企业制度并规范运作的较少。落后的管理方式和组织形式严重阻碍着企业的壮大和发展，造成企业发展方向缺失、人才流失、技术落伍、融资困难等一系列问题。

不断进行内部优化和改革，提升企业的管理水平是企业可持续发展的前提。因此，可依据"对症下药"的原则，针对性对选取北部优势中小企业以"一对一"或者"一对多"的方式帮扶南部企业更新管理理念、解决具体管理问题。同时积极引导南部中小企业和非公有制经济建立完善法人治理结构，采用现代企业组织形式，实现所有权和经营权分离，突破现有的管理体制和经营机制，逐步实现企业运作市场化、管理制度规范化、管理手段现代化。

3. 对南部民营中小企业加大人才支持

人才是企业发展的不竭动力。相对于北部县区，南部各县中小企业缺乏高素质管理人才，创新型、复合型的企业家，创新型的技术人才严重匮乏。

为此，可采用北部优秀企业向南部对口企业"无偿借用人才"的方式，直接进驻企业，承担具体管理或者技术岗位工作，帮助企业改变管理理念、提升管理技能、解决具体技术难题，同时带动现有企业人才队伍整体素质的提高。

（二）"纵向"帮扶工程

"纵向"帮扶即以"百机关帮百村、百企业带百村"为主要内容的"双百"工程。以乡镇、部门、企业结对帮建新农村的形式，按照"以资源换资本、以富带贫、以城带乡、大项目带动"四种模式建立"以强补弱，以工带农"协调发展的长效机制，实现优势互补，共同发展。

二 能源工业反哺优势产业，推动重点产业行业发展

目前，从榆林市民营中小企业发展的情况来看，大部分集中在能源开采业和餐饮服务业。2010 年 5 月中央提出的"资源税改革"会大大增强榆林地方财力，政府要以"资源税改革"为契机，大力扶持以新型能源、现代服务业和现代农业为主的优势产业、特色产业，驱动产业结构优化升级，特别是推动中小企业"十二五"规划的重点产业行业的发展，制止少数行业的垄断现象，破解中小企业结构失衡难题。同时也缩小城乡差距，促进城乡均衡发展。坚持把工业化作为加快发展的主导方向和核心战略，增强工业对发展的主导作用，充分发挥资源和区位优势，大力发展特色优势产业，形成以龙头企业为依托，标准化体系为保障的工业反哺优势产业格局。要从现有基础出发，根据国家产业政策、市场准入标准和榆林市工业化所处阶段，统筹把握好产业的市场趋势、发展空间、生命周期、竞争力、解决就业能力等因素，培育壮大重点产业，科学确定一批特色鲜明、优势明显、潜力巨大的重点产业优先发展，优化产业结构，较大幅度提升重点产业对工业增长的贡献。

三 放宽和规范市场准入，促进民营中小企业发展

虽然榆林市政府制定政策给予非公有制经济平等待遇，但行业垄断现象还是普遍存在的。在石油、化工等领域的建设项目从投资决策、资金筹集、施工建设到经营管理，大部分都限制外部资金进入。多数企业采取政企合一的管理方式。排斥系统外的资本当然也包括非公有制经济的进入。使非公有制企业在竞争资格、竞争条件与竞争机会等方面都处于不利地位。按照榆林市政府出台的政策和法律法规不允许非公有制企业进入的领域很少，但有些障碍是潜在的，是看不见的壁垒。政策允许非公有制企业进入的领域因涉及传统的利益格局，会遇到重重阻力和潜在的屏障。部分媒体忽视非公有制经济的积极方面，片面渲染一些消极因素和个别案例，

在现有收入差距拉大，贫富分化加剧的情况下，加深人们对守法经营的非公有制企业主的不满情绪，从而对非公有制企业的正常经营造成不必要的麻烦。

《十一届全国人大三次会议政府工作报告》中指出"切实放宽市场准入，积极引入竞争机制"，2009 年，国家发展与改革委员会《关于 2009 年深化经济体制改革工作的意见》中提出"拓宽民间投资的领域和渠道，鼓励民间资本进入石油、铁路、电力、电信、市政公用设施等重要领域"，2010 年《国务院关于鼓励和引导民间投资健康发展的若干意见》等政策，也在不断地拓宽着民间投资的领域和范围，放宽着民营经济的市场准入条件。

建议榆林市紧抓机遇，积极放宽民营经济的市场准入条件，制定进一步放宽民营企业市场准入条件的相关政策，促进非公有制经济发展。此项工作应涵盖以下主要内容：（1）精简和取消对市场准入的微观规制，特别要减少审批，给各类市场主体公平进入市场的机会，参与市场竞争。除法律法规规定的前置审批外，其他前置审批一律取消。（2）大幅度降低企业的注册资本，一般性服务业企业，除法律、行政法规和依法设立的行政许可外，注册资本最低限额可降低到 3 万元人民币。对采用连锁经营的服务企业可由企业总部统一办理工商注册登记和经营审批手续。（3）实行"零首付"注册。允许"零首付"注册的公司包括一般的有限公司和股份有限公司，但不包括一人有限公司及其他法律、法规对注册资本最低限额有较高规定的公司。"零首付"注册限于注册资本 500 万元以下的公司，且仅适用于设立登记。（4）降低首次出资额，延长全额缴纳时间。（5）支持投资人以非货币财产出资设立企业。支持投资人以知识产权等非货币财产出资设立企业，非货币财产出资比例最高可达公司注册资本的 70%。（6）准许"住宅商用"。在遵守法律法规和管理规约并经利益相关人的同意，创业者可将家庭住所、租借房、临时商业用房等作为创业经营场所。（7）准许"规划拆迁房屋用于临时经营"。（8）各县区可根据实际情况，适当放宽高校毕业生、失业人员以及返乡农民工创业的市场准入条件。

四　制定具有激励性的人才政策，增强民营中小企业"造血功能"

现代企业竞争是人力资源和人力资本的竞争，民营中小企业也是如此。人才是所有生产要素中最活跃的，也是最为重要的。调研显示，榆林市高级专业技术人员占到4.0%，高职称管理人才占到1%，高学历人才占到0.1%，民营中小企业所占比例还要小于这个数字。数据表明，榆林民营中小企业技术人才和高级管理人才严重缺乏。

榆林市劳动力数量庞大，但整体素质偏低，职业教育和技能培训相对滞后，培训机构不足、规模不大、层次较低，而民营中小企业对劳动者素质要求越来越高，体力型劳动者就业空间越来越小，致使一般劳动力数量过剩。榆林市的劳动力素质和就业岗位需求之间不相适应，管理人才和高技能人才短缺，造成就业、招工难的问题并存。缺乏高素质技术人才成为严重阻碍民营中小企业自主创新的内部因素。落后的管理模式、不健全的激励机制等因素也导致了大量人才的流失。

缺乏现代管理人才和专业技术人才这一现状，导致了榆林市多数民营中小企业产品竞争力不强、市场开拓不够乐观、管理滞后、产业结构不尽合理、企业"造血功能"严重不足。为此，政府应制定具有激励性的人才政策，改善目前的企业生产经营状况，以增强民营中小企业的"造血功能"。

（一）采取"引才"与"引智"相结合的方式

"引才"即人才引进，吸引专业技术人才或现代管理人才来榆林创业或就业。"引智"即采用聘请、兼职、租赁的方式进行智力引进。加大引才、引智力度，围绕榆林经济社会发展需要，切实解决人才引进特别是高层次人才引进难的问题。可以聘请专家、学者、技术人才作为政府或企业的顾问，可以吸引大专院校的教授、专家到企业兼职从事技术或管理工作，也可以探索人才租赁机制，实现人才资源共享。

（二）制定具有激励性的人才政策

一是为人才创新创业提供一条"快车道"。包括"零准入"、提供创业资金无偿支持、提供创业贷款担保、"一站式注册"、提供创业土地和厂房优惠等一些特殊优惠政策为人才创新创业提供一条"快车道"，吸引人才来榆林创业。积极建立"一条龙"服务、"保姆式"服务、全方位服务的有效形式和途径，努力为引进的人才提供个性化的周到服务，随时帮助他们解决遇到的困难和问题，进一步营造爱才、重才、惜才的浓厚氛围，形成广纳群贤、人尽其才、才尽其用的良好环境。

二是特殊人才享受"政府补贴"。对于榆林中小企业发展稀缺的特殊人才由政府组织聘用为企业提供服务，享受政府财政"特殊人才"补贴。各等级高技能人才由政府进行培训鉴定补贴，明确高技能人才享受政府培训成果政策补贴标准。

三是制定具有激励性的薪酬水平。薪酬管理有其特殊的重要性和敏感性，所以要制定有市场竞争力的薪酬管理方案。对于特殊人才，可由政府、人才、企业三方共同确定其薪资待遇，确保薪资水平具有一定的激励性，真正达到吸引人才、留住人才和激励员工的目的。通过具有激励性薪酬制度的建立，让优秀人才安心工作，对人才形成吸引力，让外部优秀人才涌向企业，提高企业的整体素质。

四是鼓励企业采取各种措施吸引并留住创新人才。优秀的创新人才是中小企业生存的基础和发展的动力，中小企业在建立吸引和留住创新人才的机制时，要树立正确的人才观念，如鼓励企业对技术骨干和管理骨干实施期权激励；对引进到企业的具有硕士以上学历、副高以上职称的高层次管理人才或科技人才，实行协议工资和年薪制等分配形式。

五是"企业用人，政府买单"，即建立高校毕业生和机关干部到非公有制企业挂职锻炼机制。大学生挂职锻炼由财政发放基本薪资和福利，由企业根据员工的绩效发放绩效薪资；机关干部挂职锻炼，其职务、岗位、工资一切不变。

六是千方百计为各类引进人才办好事，做实事，尽力解决他们在工作和生活中的实际困难，为他们解除后顾之忧。避免出现十分重视高层次人才前期的引进工作，往往投入巨大的资源，通过各种渠道引进高端人才，但却忽略了人才引进后的一系列相关工作，导致人才进来后出了问题无人问，有了麻烦没人管的局面。人才引进只是第一步，后续保障才是关键之所在。只有给予人才充分的发挥空间，并建立起一套系统的、长远的、有针对性的管理考核机制，解决人才工作中、生活中出现的各类问题，适时对引进的人才进行考核，才能提高引进人才对地方的贡献值，才能体现引进人员自身的价值。

七是创造宽松的人才流动环境。尊重人才、尊重劳动本质就是提供和人才的劳动相对应的价值与待遇并尊重人才的自由。政府在这方面不仅要为企业创造条件，而且还要监督企业不能采取不当手段强留人才，限制人才的合理流动。人才流动是社会生产发展的客观要求，而且通过人才流动使有用的人才流入，使不需要的人离开才能保证企业的兴旺发达。另一方面，通过流动，人才可以发挥更大的价值。

五 多方位完善用地政策，解决民营中小企业"用地难"问题

"缺地"逼走优势产业，一方面是国家的土地调控政策，另一方面是不断攀升的土地价格，继资金短缺之后，"用地难"正逐渐成为制约榆林中小企业发展的又一瓶颈。榆林地区中小企业"用地难"极大地制约着中小企业的发展。因此，政府要积极争取给予政策支持，解决中小企业"用地难"的问题。

（一）加大工作力度，满足民营中小企业用地指标需求

要加大对非公有制经济的供地支持，制定非公有制企业在用地方面享受与其他企业同等的用地政策，统一纳入政府土地开发和年度用地计划，满足企业在新建、改建和扩建中的合理用地需求。市、县在安排年度建设用地计划时，应合理安排民营资本项目用地指标，对于民营资本投资的重点建设项目要予以预留保障。民营资本投资鼓励项目，参与重点支持的新兴产业基地和重大新兴产业项目建设的，市、县无法解决用地指标时，应及时申请省级调剂解决。根据民营和中小企业项目用地需求情况，尽量保障民营和中小企业用地计划指标需求。特别是对榆林市、县产业发展有较强的拉动作用、对财政收入有重大贡献的重大产业化项目、投资额在500万元以上或符合政府鼓励类项目可实行土地价格区别政策即"一企一策"。

（二）提供政策支持，促进用地优化升级

在符合市县规划的前提下，经有关部门批准，允许中小企业现有的合法建筑在主体框架不改变的情况下，适当改造并临时改变使用功能，用于发展现代都市工业、兴办信息服务、研发设计、创意设计等现代服务业（房地产开发除外），土地用途和使用权人可暂不改变。

（三）采取有效措施，提高用地效率

采取有效措施，提高用地效率。对新建项目按照国家和榆林市的有关规定，依据控制性详细规划，鼓励适当提高建设项目的容积率。对已经供地的工业项目，鼓励建设多层厂房和标准厂房，改建、扩建和技改等需要提高容积率的，不再加收城市建设配套费和土地出让金。鼓励开发利用地下空间，对于需要办理土地出让手续的，按相应区位同类土地用途基准地价的一定比例收取土地出让金。加快用地审批，对非公企业依法提交的用地申请和土地使用方案，国土资源管理部门要及时作出答复。

（四）降低收费标准，减轻费用负担

降低收费标准，减轻费用负担。对中小企业办理房地产抵押贷款手续涉及手续费的，采取优惠政策，按应缴费用的一定比例收取手续费。

（五）建立"绿色通道"，提高办事效率

为民营和中小企业项目用地建立"绿色通道"，设立专门机构，及时办理区域内新增用地农用地转用、土地征收审批、土地供应等用地手续。对民营和中小企业办理房地产权属登记的，可按照特事特办的原则，手续齐全符合登记条件的，予以优先办理，压缩办理时限。

六　加大政府采购，开发民营中小企业产品市场需求

以国务院出台的《关于进一步促进中小企业发展若干意见》（俗称"29条"）为依托，根据《中华人民共和国政府采购法》、《中华人民共和国中小企业促进法》等有关法律法规，以财政部会同工信部等有关部门制定的《中小企业政府采购管理办法》为指导，制定"榆林市中小企业政府采购管理办法"，发挥政府采购的政策功能，加大政府采购力度，促进中小企业的产品开发和市场需求，促进符合国家经济和社会发展政策目标，产品、服务、信誉较好的中小企业发展。

（一）确定民营中小企业的优先位置

政府采购不得设置不利于中小企业的限制性条件，同等条件下，政府采购应当优先购买中小企业提供的产品和服务。对于中小企业的产品不得歧视，保证同等条件下中小企业采购的优先地位。明确用政府采购手段扶持中小企业的任务指标，规定民营企业的产品和服务进入政府采购目录的品种和数量。

（二）制定特殊的促进民营中小企业自主创新的政府采购政策

中小企业作为自主创新的主体，应当建立更为特殊的政府采购政策对其进行鼓励、扶持和促进，提高其技术创新能力和整体竞争力。采购招标活动中，可以规定给予中小企业一定的优惠条件。作为政府采购管理与决策机构应当有效发挥政府采购的特殊功能，促进企业自主创新。政府通过采购项目导向作用支持科技创新，采购中的优惠政策有利于科技创新，采购中的竞争原则促进科技创新。

（三）加大优惠政策

加大对民营中小企业参与建材下乡和以旧换新等活动的政策优惠，提高其获益程度。积极引导民营中小企业参与建材下乡和以旧换新等活动，以财政手段扩大中小企业市场需求。

七　加快服务体系建设与市场环境建设

民营中小企业资产规模小，管理水平低，抵御市场风险能力低，综合实力弱，需要市场上有健全的社会化服务体系的支撑。完善的社会化服务体系及服务于中小企业的各个社会中介服务机构的建立，还是要依靠政府相关的政策和措施的扶持。有些机构可先由政府主导扶持成立，按市场化原则，规范和发展原有的各类行业协会，支持新组建创业辅导、筹资融资、市场开拓、技术支持、认证认可、信息服务、管理咨询、人才培训等各类中介服务机构。对这些机构的创办可采取减免税费等方式予以具体扶持。可以建立政府相关部门组成的市、县中小企业发展工作联席会议制度，统筹协调解决企业发展中的重大难题，发挥综合协调作用，完善服务体系建设、优化市场环境，从而推动中小企业健康发展。

（一）建设市场服务平台，打造名优特色品牌

1. 支持民营中小企业开拓国内市场

由中小企业局或新设立的"中小企业产品推介中心"组织，市县区相关部门配合，主办"中小企业发展高峰论坛"、"非公有制经济发展论坛"、"创业致富论坛"等各种形式的论坛会，还可多方合作举办各种经贸洽谈会、产品博览会、产品交流会、研讨会、论坛会、展销会、招商会、科学文化节等活动，并给予参加企业相应补贴。一方面为非公有制企业与政府之间、企业与市场之间、企业与企业之间的交流与合作提供机会，加大特色产品的宣传和推广，扩大知名度，开拓消费市场，着力打造一批名优特色品牌；另一方面拓宽企业销路，增加销量，实现产销一体化，壮大企业实力。

2. 支持中小企业开拓国际市场

政府有关部门和机构应当促进中小企业产品出口，推动对外经济技术合作与交流；有关政策性金融机构应通过开展企业进出口信贷、出口信用保险等业务，支持中小企业开拓国际市场；鼓励符合条件的中小企业到境外投资，参与国际贸易，开拓国际市场，对促进中小企业国际化经营十分

有利。

（二）促进市、县两级中小企业行业协会发展

行业协会是指介于政府、企业之间，商品生产者与经营者之间，并为其服务、咨询、沟通、监督、公正、自律、协调的社会中介组织，以其长期发展起来的信息服务和协调集体行动的功能，以及所形成的组织性关系网络的规模经济和外部经济优势，成为市场经济国家中社会治理的重要主体。榆林政府应大力支持、指导组建中小企业行业协会的成立和运行。

1. 建立市、县两级协会，发挥相应作用

榆林市县区各级政府应指导组建市、县两级中小企业行业协会，并使其发挥相应的作用。（1）宣传党的路线方针政策，收集发布行业信息，组织行业培训，引进专业技术人才，组织银企洽谈，举办行业论坛和各种会展，进行产品推介，协调行业价格等；（2）加强行业自律，制定并组织实施行规行约、职业道德准则、质量规范、行业标准，开展诚信活动；（3）为行业成员提供行业培训，提供咨询服务等多边性的援助服务；（4）反映行业、会员诉求，维护行业合法权益。

2. 创造协会发挥作用的良好环境

榆林政府部门在政策、资金等各方面给予扶持，为行业协会的发展营造良好环境。制定"关于推进行业协会改革与发展的若干意见"，从政策层面规范行业协会的运作，为行业协会发展创造良好的行政、法治环境，这将对行业协会的健康发展产生根本性的积极推动作用；扶持一定额度的行业协会发展专项资金，解决行业协会的公共建设项目，在此基础上扩大覆盖面，提升行业代表性；部分权力延伸到行业协会中，例如，企业贷款推荐权、向政府申请项目资金审核权等，使行业协会对中小企业发挥自律、组织、监督、开拓市场等实质性作用，同时成为沟通政府与中小企业之间的桥梁和纽带，在协调政府与企业关系、维护市场秩序、反映企业呼声、产品维权、行业自律管理等多个方面发挥良好的作用，成为参与榆林社会建设和管理的重要力量。

（三）建设和完善"三位一体"的民营中小企业服务培训体系

各级财政应加大对中小企业培训的支持力度，努力形成政府部门、行业协会、民营培训机构"三位一体"的培训体系，为中小企业培训各种管理人才、技术人才和产业工人。

1. 各县区设立中小企业创业辅导基地

在调动各种社会资源，合理安排必要的场地和设施的基础上，以建立和改善企业创业条件、配套环境为重点，通过不断完善创业基地服务功能，提高资源和设施的使用效率，减少企业运行成本，形成有利于创业企业成长的外部环境。

由政府出资设立中小企业创业辅导基地，承担本县区中小企业的投资创业培训，包括现场培训以及远程教育培训。对有创业意愿并具备一定创业条件的人员积极开展创业培训，帮助熟悉有关政策法规，掌握经营管理知识，提高创业能力、就业能力和职业转换能力，激发创业热情，逐步实现自主创业。培养造就一批创业带头人，开发一批新的就业岗位，实现创业促就业的倍增效应。

2. 政府出资培训民营企业家及中小企业高级管理人员

把培育和造就企业家放在突出的位置，建立完善的企业家培训机构，优化企业经营管理者成长机制，多渠道培养个体私营等非公有制企业经营者；实施非公有制经济企业家素质提升工程，多渠道、多形式培养中小企业高级经营管理人员。

由市县区各级政府出资，采取专家讲座、研讨会、短期授课的方式，对民营企业家及中小企业高级管理人员进行培训，主要就管理理念、管理职能、战略管理等内容进行培训，提高中小企业高级管理人员及民营企业家的整体素质。培训具有三大特点，一是公益性，由政府出资、免费向社会开放；二是专业性，具有明确的目标人群——中高层人力资源管理人员；三是融合性，党政机关组织人事干部和企事业单位人力资源管理者共聚一堂学习、交流。

3. 扩大免费创业培训和就业技能培训补贴范围

依照相关规定，市级财政、劳动保障部门在年终前对定点创业培训和技能培训机构进行综合绩效考评，对培训绩效较好，政府、社会、下岗失业人员评价较高的培训机构，将颁发先进定点培训机构奖牌并给予奖励。奖励资金从安排的培训补贴中支出。

同时，各县区要增加对创业培训的投入，鼓励社会各方面力量参与创业培训、职业培训。企业用于员工培训的经费，可按国家规定的工资总额的一定比例计算税前扣除。将创业培训和职业培训补贴范围由城镇下岗失业人员扩大到所有有创业愿望和培训要求的劳动者。对领取失业保险金人员参加创业培训的，其按规定享受的职业培训补贴从失业保险基金中支出。

4. 鼓励行业协会开展培训

支持行业协会牵头，开展企业管理、品牌经营等培训活动，宣传推介企业先进管理经验。行业协会及时把握行业的培训需求，及时更新培训内容，政府应鼓励市县区各级行业协会进行行业技术以及开拓市场等方面的培训。

5. 提倡建立民营培训机构

民营培训机构市场灵敏度高、组织效率高，能及时捕捉市场的培训需求，提供多样化的培训内容，满足个体和企业的培训需求。它是中小企业培训体系的有力补充，同时也是个体参加培训的主要渠道。各级政府应大力提倡建立社会培训制度，提倡建立民营培训机构并为之创造相应条件。

（四）建设创业辅导与民营中小企业孵化体系

设立市县区各级中小企业创业基地，该基地由市县区各级政府出资，市县区各级中小企业局负责组建。建立集成创业企业孵化、技术成果转化与企业发展所需共性关键要素的"科技型中小企业孵化转化载体"的链式孵化模式。通过"孵化器＋成果转化基地＋产业化基地＋商业生活配套"的硬件设施环境建设和"公共技术创新与服务平台＋管理运营机制"的软实力建设，为科技型中小企业发展提供承载空间。为中小企业经营者及管理人员开展创业辅导培训工作，提供生产经营、科研场所和物业、商务、政策咨询、技术信息等"一站式"服务，帮助企业加强产品和服务质量管理，提高产品体系研发和项目成果转化的孵化效率，促进企业创业发展。

（五）完善民营中小企业信息化公共服务平台

加快民营中小企业信息化服务平台建设，是落实国务院促进中小企业发展政策和国家重点产业调整振兴规划的重要举措，对改善中小企业发展环境，促进社会资源优化配置和专业化分工协作，推动共性关键技术的转移与应用，逐步形成社会化、市场化、专业化的公共服务体系和长效机制具有重要现实意义。

市县区各级政府应尽快组织建设或完善中小企业信息公共服务平台，向中小企业提供"标准化"和"行业性"的信息化应用服务；及时向中小企业发布有关产业政策、财税政策、信贷政策、投资重点、市场需求等信息，同时开设商务洽谈、网上交易平台，提高中小企业信息获取和开发能力，用信息化手段提升中小企业的经济效益，使其成为搭建中小企业与政府间的信息交流平台及政府服务平台。

同时应重点支持三类信息平台的建设：一是以产业园区或龙头企业为依托的产业集群信息公共服务平台，为中小企业提供法律法规和政策咨询，政府部门业务咨询，上市培育、产品研发、质量认证、信息技术培训等服务；二是面向各个县区或面向行业的中小企业信息化公共服务平台，为中小企业提供"一站式"的信息化服务，并提供优质、便捷的信息化配套服务；三是面向中小企业、行业或区域的第三方电子商务交易和服务平台建设，包括网上在线商务洽谈、网上交易、物流服务等。

（六）引导与扶持中介公司的发展

中介服务业是现代服务业的重要组成部分，其发展水平和在服务业中所占比重是衡量一个城市市场经济程度和综合竞争力的重要标志。而目前榆林市中介服务业整体水平偏低，远不能适应榆林经济发展要求。市县区各级政府应尽快采取切实措施加大对中介服务业的领导、引导和扶持发展力度。

1. 建立相关工作机构

在市、县区两级政府建立"中介服务发展促进工作办公室"，为榆林市中介服务业的发展提供组织保证，并领导和引导中介服务业整合行业资源、壮大发展规模，及时协调解决发展中遇到的困难和问题，营造促进其健康发展的政策环境。

2. 出台相应的政策

尽快出台扶持和促进中介服务业发展的鼓励性政策文件。既包括引进高层次新型的中介组织、引进国内外知名品牌的中介机构以及引进急需的高级中介专业人才等"引进"方面的激励奖励性规定，也包括鼓励和引导本市当地中介服务企业做大做强，加强从业人员培训培养以及提供新业务拓展平台等激励奖励措施。

（七）建立良好的市场环境

竞争有序、公平交易、诚信、安全的市场环境是完善社会主义市场经济体制的基本要求，也是吸引外资投入的软环境，同时也是企业投资行为的基本选择条件。

为此，榆林市必须大力整顿规范市场经济秩序，严厉打击扰乱市场秩序的违法行为，营造良好的市场环境。尽职尽责营造公平公正、规范有序、和谐诚信的市场环境，扎扎实实解决关系到民营中小企业发展最直接、最现实的利益问题。

1. 规范秩序，营造竞争有序的公平环境

各相关部门应切实发挥职能作用，努力营造公开、公平、公正的市场竞争环境。工商部门要加大整顿和规范市场经济秩序力度，严厉查处各种制假售假、非法传销、不正当竞争等行为，维护公平竞争的市场秩序；要与有关部门配合，不断加大查案办案力度，推进商业贿赂专项治理；要积极开展查侵权、打假冒、反欺诈执法行动，重点查处与群众息息相关的生活日用品、食品安全等案件，严厉打击虚假违法广告、合同欺诈以及商标侵权等各种商业欺诈行为。

2. 科学管理，推进企业诚信体系建设

诚实守信是市场主体最基本的行为准则，也是发展竞争有序的市场经济的重要保证。要营造交易安全的诚信环境，以打造"诚信榆林"为目标，尽快建立包括政府、企业、个人在内的全社会信用体系，努力在全社会形成诚实守信的良好风尚。

推动企业诚信可从几个方面做起：（1）要加强企业诚信教育，进一步推进企业信用体系建设，营造诚实守信的社会氛围。（2）启用企业信用分类监管，对企业实行信用分类。建立健全重点企业免检制度，对市场信誉好、经济效益佳、社会贡献大的重点企业实行信用激励机制，并予以扶持一定期限的免予检查的待遇。（3）开展诚信单位评选活动，提高行业服务质量和水平。（4）制定失信行为披露制度，适时公布假冒伪劣、逃避债务、偷税漏税企业名单，严肃惩治失信行为。对有严重违法行为，被依法吊销执照的企业，实行失信淘汰机制。

3. 严厉惩处，营造放心安全的消费环境

从民营中小企业长远发展来看，营造安全、放心的消费环境特别重要。要切实维护消费者的合法权益，不断提升消费维权能力，积极营造安全放心的消费环境。应加大消费维权力度，及时调解消费纠纷，严厉惩处各类损害消费者权益的违法行为，确保消费安全；深入开展食品安全专项整治活动，大力查处食品违法经营案件，努力营造放心、安全的消费环境。

第二节　加强榆林市民营中小企业自身能力建设

一　改造提升传统产业

应尽快成立全市改造提升传统产业领导机构，统筹协调解决改造提升传统产业过程中的重大问题；政府牵头，实行"有保有压"政策，在此基础上，榆林市中小企业应以"十二五"规划为指导，组织一次全市传统产业全面普查，摸清传统产业发展现状。围绕传统产业的结构优化与技术升级，以提高技术创新能力为基础，以信息技术等高新技术及先进实用技术的推广应用为重点，加强组织领导，完善促进传统产业改造提升的体制机制；瞄准国内外传统产业发展方向和趋势，出台榆林市"改造提升传统产业行动计划"，明确改造提升的目标、任务、重点、完成时限和保障措施；优化传统产业空间布局，促进产业集聚，加速传统产业的改造与提升，推动榆林经济的快速、健康、可持续发展。应当把握以下原则：

（一）以优化产业结构为核心

改造提升工作的核心是优化产业结构，以结构调整为主线，提升产品的技术档次，使传统产业的发展尽快步入以技术进步为主要增长方式的轨道上来。改造提升传统产业要紧紧围绕培育和增强企业的核心能力，加强技术创新体系、企业标准体系建设和知识产权保护，提高创新能力。

（二）以企业为主体，政府为辅助

改造和提升传统产业，要以企业为主体，充分发挥市场机制在优化配置资源中的基础性作用，同时注重发挥政府部门的引导、扶持与服务作用。改造提升传统产业要与建立现代企业制度和加强企业全面管理相结合，转变生产经营模式，提高管理水平，实现资源的有效配置。同时注重发挥政府部门的引导、扶持与服务作用。

（三）实现资源循环利用

改造提升传统产业要坚持资源开发与节约并举，注重节能降耗，防止污染，提高资源利用效率，以节能降耗和环境保护为重点，推广应用一批新工艺和新装备，提高生产效率和资源综合利用率，防止环境污染，走可持续发展的道路。

（四）多方取经

加强产学研联合和引进技术的消化吸收工作，充分利用国内国外科技资源，把立足自身开发与加强国内外合作结合起来。首先企业要提高科技意识，承认科技的地位和价值；其次各方要以诚相待，提高合作透明度，尤其在"名利"等问题上做到互相谦让；最后要建立合理的机制，不断深化产学研合作。

二　开拓发展新兴产业

新兴产业是指随着新的科研成果和新兴技术的发明、应用而出现的新的部门和行业。世界上讲的新兴产业主要是指电子、信息、生物、新材料、新能源、海洋、空间等新技术的发展而产生和发展起来的一系列新兴产业部门。榆林市中小企业和非公有制企业应从实际出发，以"规划"榆林市主导产业、重点产品、地方特色产品为指导，特别是以新型能源产业、现代农业和现代服务业为方向，大力发展新兴产业，形成新兴产业聚集区块，不断延伸新兴产业及其产业链，促进产业结构优化升级。

三　提升企业自主创新能力

调研显示，榆林中小企业中产能落后、设备陈旧、排放超标、效率低下、产品生产缺乏标准化、产品附加值低等情况较多，反映出企业自主创新能力不足。民营中小企业必须通过不断增强自主创新来提升经济竞争力。创新是企业发展的灵魂和核心所在。中小企业由于其自身规模小，实力弱，在市场竞争中往往处于劣势。只有通过持续不断的创新，才能在激烈的市场竞争中生存、发展。实践证明，依靠科技进步，不断提高中小企业自主创新能力，不断提高企业产品的技术含量和企业竞争力，有助于增强企业活力，促进企业可持续发展。提升中小企业自主创新能力的对策如下：

（一）建立良好的机制

中小企业自主创新的形成机制就是推动中小企业自主创新能力产生和提高所必需的动力的产生机理，以及维护和改善这种作用机理的企业内外的各种经济关系，企业组织制度等所构成的综合系统的总和。研究自主创新能力的形成机制有利于在现有的基础上，合理构筑和不断优化企业自主创新能力形成和成长的动力系统，提高自主创新能力，从而提高中小企业的核心竞争力。

民营企业要建立良好的互信机制、有效的激励约束机制，形成提高自主创新能力的制度基础。特别是有一些民营企业是家族企业，制约这些民营企业自主创新能力提高的内在制度障碍，主要来自于封闭的家族化治理制度和传统陈旧的经营理念。

（二）转变经济增长方式

转变经济增长方式是关系榆林经济能否健康发展的重要问题。转变的要求是从高投入、高能耗、高排放、低效益的经济增长方式转为低投入、低能耗、低排放、高效益的经济增长方式，已经不再是单纯地要求由粗放型经济增长方式向集约型增长方式转变了。在当前的资源环境约束和激烈的市场竞争压力下，榆林市民营中小企业要提升自主创新能力，转变"高消耗、高排放、低效益"的生产方式，提高民营经济技术含量，提升民营企业的技术创新能力和核心竞争力。以信息化带动新型工业化，提高经济效率，使传统工业化发展模式所产生的高能耗和高污染的严重状况得以缓解。

（三）加强人力资源管理，建立合理的人才激励机制

首先，改变家族式管理模式，打破以奖金、感情等方式留住人才的传统观念，更新观念，建立正确的人才观，建立正确的求才、用才、留才机制及合理的人才流动政策，健全激励约束政策，最大限度地调动自主创新人才为企业服务的积极性。其次，创建学习型组织，为员工提供学习、培训机会，重视员工个人成长和事业发展。加强员工的培训，重视员工的个体成才。此外，建立科学的人才选拔制度和平等的竞争机制，建立科学的分配制度，改良企业文化，营造人力资源建设的良好氛围。

（四）建立多元化产业结构

积极应对形势的变化，建立多元化产业结构，积极抢抓市场机遇，大力提高市场开拓能力。在现行国内融资渠道不畅的情况下，有条件的民营企业可以进行股份制改造，实现产权主体的多元化，尽量吸纳社会资本来满足企业自主创新的资金需求。

（五）建设自主创新的"内化"通道

加强"引进消化吸收再创新"，建设自主创新的"内化"通道。在引进外资的同时，必须将"引资"与"引智"相结合，积极引进国外先进技术，切实提高消化吸收能力，在引进中消化、在吸收中创新。推动民营中小企业主动到国外引进高水平科技人才为企业发展服务，购买有转化前景的先进技术成果和装备，进行消化吸收再创新和产业化。

（六）建立技术创新的合作机制

高校、企业、政府在技术创新发展过程中都承担着重要的角色与任务。深入挖掘高校、企业、政府技术创新合作机制，能够系统地形成更加高效、集成的合作体系。中小企业可以同大中型企业、国有企业等开展技术合作，从大企业获得技术支持，在配套产品或零部件上实现创新。另外，加强与高等院校、科研院所等的技术联姻，建立产学研的战略伙伴关系。有条件的民营企业还可以把开展国际合作与拉动企业自身的技术创新有机结合起来，充分利用全球科技资源。

（七）创建自主开放创新的企业文化，营造自主创新的精神家园

企业文化创新是企业自主创新的动力。自主创新的企业文化，既能增强员工的创新激情，齐心协力地创造出自主的、人性化的、和谐的、宽松的创新环境，也能将广大科技人员团结在企业自主创新目标之下，形成强大的创新力量，加强以"创新"为核心价值观的企业文化建设，创建自主、开放、创新的企业文化，创建出"人人是创造之人，时时是创新之时，处处是创造之地"的创新文化氛围。要以文化创新推动科技创新，使创新理念深深地根植在每个员工的心中，激发全体员工特别是广大科研人员的创新积极性，推动个人与团体共同创新。获得完全属于企业自身的自主知识产权和先进的核心技术，以及依此造就的知名品牌。

四　推进企业管理体制与机制创新

管理体制与机制创新是企业提升管理水平、持续发展的根本。中小企业应结合自身发展需要进行相应创新。

（一）进行产权制度改革，加快企业改制进程

单一的产权形式、经营权所有权一体化的传统组织形式制约着规模不断壮大的中小企业的发展。一是建立产权股份化的现代企业制度形式，建立并完善董事会制度，加强经营决策的客观性和科学性。二是实现产权、经营权两权分离，实行职业经理制。规范企业管理，提升企业管理水平。

（二）改变用人观念，创新用人制度

人才紧缺是制约榆林中小企业发展的"瓶颈"，而打破这个"瓶颈"，就必须改变用人观念，创新用人制度。真正尊重员工人格、真正关心员工生活，为员工提供一个精神有所寄托的发展空间。改变用人唯亲的观念，对所有员工一视同仁，按照责、权、利相结合原则来处理人力资源管理方

面问题。建立具有竞争力的薪酬和晋升机制。为了更加有效地吸引和留住人才，可以灵活地制定一些晋升和薪酬制度，对贡献大、有发展潜力的专业技术或管理经验的人才，企业应以破格晋升、提高奖金数额或加发额外奖金、股票期权等方式进行激励。

（三）加强企业文化建设，创立知名品牌

中小企业要走可持续发展之路、逐步成长壮大，也必须同大型企业一样关注企业文化建设，创立自己的知名品牌。企业要培养和建立自己的企业文化精神与企业文化理念，使企业发展与员工利益紧紧联系在一起。将企业文化精神与理念渗透到企业的产品和服务中，逐步创立知名品牌。一个企业只有把自己的企业文化渗透到产品和服务中，才能使本企业的产品和服务独具特色，富有个性化，才能在市场上站住脚、扎住根，逐步创立知名品牌。充分发挥领导的模范带头作用，尤其要在企业的日常管理行为中体现出本企业的文化精神与理念。

第十二章　榆林市民营中小企业发展
"八大工程"

　　与全国全省许多地方不同的是，榆林中小企业、非公经济体系是在国家迅速加大投资的背景下发展的，因而形成了榆林公有经济比重太大而非公经济占比始终太小的既定格局。榆林非公经济在"十一五"期间也有巨大发展，取得了较好成绩，例如，截至 2009 年底，府谷已是陕西省非公经济比重最大和实力最强的县，在资本整合和规模发展上具有领先性，但榆林全市非公经济至今发育平均水平依然远低于全国和全省，包括远远落后于邻近的内蒙古鄂尔多斯市，严重影响了"富民"目标的实现。为此，榆林市要实施"八大工程"，确保非公经济超越发展，使榆林现代产业体系在所有制结构上进一步优化，实现民富市强。

　　一　"新 36 条落实工程"
　　"新 36 条"是榆林非公经济超越发展以富民的主要法规根据。它有助于消除制约着民营中小企业发展的制度性障碍，全面落实促进非公经济发展的政策措施；关于规范国有企业投资行为，鼓励扩大民间投资进入法律不加禁入的各产业领域，同时切实保护民间投资的合法权益的规定，对榆林进一步推动非公经济发展，具有很强的现实针对性和可行性。"落实工程"就是在国务院"新 36 条"及其《实施细则》公布后，集中一段时间或间断性地动用尽可能多的宣教资源，以现代宣传手段，包括行政宣讲、传媒公关、视觉传达、文艺展示、公共艺术等各种形式，使城乡广大群众和所有公务员全面了解"新 36 条"及其《实施细则》内容，力求达到干群坚决执行"新 36 条"及其《实施细则》精神的效果，纠正一切与"新 36 条"及其《实施细则》规定不符的思维定势和习惯模式。在工程展开中，各地应按"新 36 条"及其《实施细则》的要求，结合本地实际，进一步修订和完善关于鼓励和引导民间投资健康发展的方案，落实有关举措，以实实在在的行动推动非公经济发展。

二　"试验区工程"

在府谷县建立榆林"非公经济转型试验区"，以富民为出发点，以贯彻落实"新 36 条"为依据，总结经验，正视不足，探索县域经济向以非公经济为主体转型升级的实现途径和体制机制改革措施，包括非公企业通过参股等多种形式，参与国有企业改制重组的经验，同时探索非公经济体进行体制机制改革而向更高层次发展的创新经验，通过现场会或经验介绍等形式，一方面为全市非公经济转型升级发展树立学习榜样，另一方面也为全市县域经济逐渐向非公经济占主体方向发展领路。

三　"'小微个'催生工程"

鉴于榆林各县区特别是南六县非公经济体产生之初，多为小企业、微企业或个体户、种养户，其创业面临着许多困难。实施"'小微个'催生工程"，就是各级政府利用行政的、经济的（包括使用场地）、法律的、思想的各种手段，有具体针对性地催生小企业、微企业或个体户、种养户，切实解决它们在创业中遇到的种种困难，使"全民创业"的战略落到实处。拟在"十二五"全民创业战略下，适当降低创业企业注册门槛，完善税费减免、岗位补贴、培训补贴、社会保险补贴、技能鉴定补贴等政策，促进高校毕业生、农村转移劳动力、城镇就业困难人员就业。全市重点建设 12 个县级中小企业远程创业辅导站，建设 12 个县级中小企业创业基地，其中设"'小微个'催生顾问团"，通过免费或低费等形式，传授创业技能，提供创业指导，借以提高创业成功率，使其逐渐成为榆林县域经济发展、产业链完善和技术创新的生力军。

四　"民营企业家成长工程"

"民营企业家成长工程"包括在"十二五"期间，实施"千百培训计划"，即对榆林 1000 位非公企业的主要经营者加以培训，促使其中 100 位成长为相关产业的"领头羊"。还将按照科学合理的多项指标（包括若干硬性指标），每年举办 1—2 次优秀民营企业家评选活动，选出 10—20 名优秀企业家，选派到国内外知名的培训机构、世界和中国沿海著名企业，学习先进的企业经营管理知识，促其尽快成长。

五　"入股工程"

借鉴府谷县把400余家民营企业联合重组成四大民营企业集团的经验，针对榆林大型国企改革进展的情况，实施"入股工程"，即引导有一定基础的非公中小企业，通过参股、控股、并购等多种形式，参与国有企业改制重组，一方面改造国企，另一方面也促进民企成长。工程的实施，将采取先易后难、先少后多的方式，通过试点、巩固、推广等步骤，稳妥推进。

六　"服务业突破发展工程"

这一工程是针对榆林现代服务业发展严重滞后而它又是产业结构转型升级重点的实际而提出的，拟分两部分：北六县各工业集中地和各园区，要首先完善政策，倾全力突破发展给主体产业和大企业配套的非公中小企业，其业态应以生产配套性和生产服务配套性产业（如环保产业）为主，同时突破发展给主体产业和大企业进行社会性服务的物流配套、生活配套、房地产配套、金融配套的非公中小企业，提高产业配套能力。在乡、镇则突破发展生活性服务业、农业服务业、就业服务业、老龄产业等。南六县则重在突破发展生活性服务业、农业服务业（包括农产品深加工产业）、商贸业、就业服务业、家庭服务业、老龄产业等。

七　"品牌铸造工程"

塑造"横山羊"、"黄河滩枣"、"榆林小杂粮"、"子洲黄芪"、"桃花豆腐"等一大批地域特色明显的品牌。

八　"文化惠民工程"

进一步扩大"书香榆林"的成果，深度挖掘榆林的地域文化内涵，实施重大文化产业项目带动战略，加强文化产业基地和区域性特色文化产业群建设，建立"陕北文化创意产业园"、"陕北民间艺术博物馆"等；以县域文化资源为载体，融现代科技与传统文化于一体，打造榆林文化产业的保家卫国主题（如"杨家将"故事）、红色文化主题、边塞风情主题

（沙漠文化）、绿色能源主题（新能源工业文化）、黄土风情主题（黄土文化）等，培育骨干企业，扶持中小企业，鼓励文化企业跨地域、跨行业、跨所有制经营和重组，提高文化产业规模化、集约化、专业化水平，使榆林真正成为西部文化大市，实现文化惠民。

致　谢

　　书稿终于完成付梓了，心里满满的都是感激之情。

　　非常感谢和我一起在榆林进行课题调研的同事们，他们是陕西省社科院的胡义成研究员，西安财经学院的王新安教授、赵广信教授、李文辉副教授、高林安副教授、陈晓斌博士、张强博士，是他们和我一起在榆林市进行了大量的走访和调研，并无私地为我撰写此书提供了帮助和指导。也要感谢榆林市中小企业局的支持，为我们的调研提供了大量的帮助。

　　特别感谢陕西省社科院冯家臻研究员一次又一次地为我修改书稿，提出建议，冯家臻研究员提携晚辈的精神将值得我终生学习。

　　由衷地感谢西安财经学院党委书记杨学义教授百忙之中对本书框架结构进行的重要指导，杨学义教授严谨治学的态度是我学习的楷模。

　　十分感谢我的博士后导师马耀峰教授对我的指导与帮助。在书稿的撰写过程中，曾多次与马耀峰教授进行过交流，马耀峰教授为我提出了很多建设性的意见。导师不仅在学术上指导我，也在生活上给了我很大帮助，"先生之风，山高水长"，先生的教诲我将铭记在心。

　　感谢西安财经学院各位领导、同仁的支持，感谢李颖教授、徐雪老师、王红梅女士、李文辉副教授、张强博士为本书撰写提供的帮助。

　　中国社会科学出版社的冯斌老师、刘艳老师功不可没，他们不厌其烦地为我修订书稿，保证了书稿的顺利出版，在此深表谢意！

　　书中也引用了大量的研究者的成果，在这里向他们致敬！

　　感谢我的家人，你们一如既往的支持始终是我前进的动力！

　　由于研究水平和各项因素的限制，本书难免存在疏漏，也希望各位读者批评指正！

李艳花

2014 年秋于西安